Jost Kaiser

EIN ECHTER HELMUT SCHMIDT

Alle kleinen Geschichten
über einen großen Mann

Wilhelm Heyne Verlag
München

Verlagsgruppe Random House FSC® N001967
Das für dieses Buch verwendete FSC®-zertifizierte Papier
Pamo House liefert Arctic Paper Mochenwangen GmbH.

2. Auflage
Taschenbucherstausgabe 12/2015
Copyright © 2012 / 2013 by Wilhelm Heyne Verlag, München,
in der Verlagsgruppe Random House GmbH
Umschlaggestaltung: Hauptmann & Kompanie Werbeagentur,
Zürich, unter Verwendung eines Fotos von © Werek/Süddeutsche
Zeitung Photo
Satz: EDV-Fotosatz Huber/Verlagsservice G. Pfeifer, Germering
Druck und Bindung: GGP Media GmbH, Pößneck
Printed in Germany

ISBN: 978-3-453-62043-8

www.heyne.de

Vorwort

Viele werden es nicht mehr wissen: Aber es gab mal eine Zeit, da ging es in dieser Republik um etwas. Nicht um ein paar Prozentpunkte in der Mehrwertsteuer, die Frauenquote im Topmanagement oder die Einführung der Lkw-Maut. Es ging um alles. Krieg oder Frieden, Sein oder Nichtsein – Schmidt oder Strauß. Ich erinnere mich mit Freude an den Wahlkampf 1980. Es war der letzte von Schmidt. Gegner war Franz-Josef Strauß, der Anführer der »bayerischen Stämme« (Schmidt). Im Zeitalter der »asymmetrischen Mobilisierung« (erfunden von Angela Merkel, bedeutet: Anti-Mobilisierung des Gegners durch öden Wahlkampf) ist es kaum mehr vorstellbar, wie die Kandidaten damals aufeinander einprügelten. Denn Politik war seinerzeit geprägt von der großen ideologischen Auseinandersetzung des Jahrhunderts: links gegen rechts, Ost gegen West. Die Rechten hatten die SPD im Verdacht eigentlich Kommunisten zu sein, die Linken versuchten die Rechten in die Nazi-Ecke zu drängen. Hoch ging's her. Schmidt: »Strauß hat keine Kontrolle über sich, deshalb darf er keine Kontrolle über den Staat bekommen.« Strauß: »Schmidt ist nicht gesund.« Wenn wir heute mit Melancholie auf den ewig Übriggebliebenen blicken, mit Sehnsucht an die alte Zeit denken, ist das etwas ungerecht, denn den aktuellen Politikern fehlt – zum Glück – die Generationserfahrung der Schmidts und Strauß': Krieg, Instabilität, Nazihorror.

Diese Republik gibt's nicht mehr, aber die Verehrung für Helmut Schmidt gibt's wohl gerade deshalb noch. Es ist eine Melancholie, die sich auf die gelungene zweite Demokratie bezieht. Daher sollte man die Verehrung für den zweiten sozialdemokratischen Kanzler nicht sezieren. Und man sollte – darum geht es letztlich in diesem Anekdotenband – Schmidt nicht zu ernst nehmen. Das klingt seltsam, aber die Geschichten in diesem Band erzählen von der Wiedererkennbarkeit des SPD-Kanzlers, seinen Spleens, seinen Abenteuern als Comicfigur »Schmidt-Schnauze« im Wahnsinn der Spitzenpolitik – und sie karikieren deshalb auch den heiligen Ernst, der den Hamburger Weltsteuermann heute umgibt. Oder ist es nicht lustig, dass Schmidt einst in Washington in eine Hosenaffäre verwickelt wurde, die davon handelte, dass sein Smoking-Beinkleid zu kurz war, wie die *New York Times* analysierte? Dass er vor Staatsempfängen die Bilder im Kanzleramt immer so drapierte, dass das Photo des Empfangenen in der ersten Reihe zu stehen kam? Dass er Jimmy Carter als therapeutische Maßnahme – so genervt war er von dem Mann – das Kölner Telefonbuch vorlesen wollte, weil der sowieso nicht zuhöre?

Nein, mangelndes Selbstbewusstsein, war nie Schmidts Problem. Auch davon erzählen diese kleinen Geschichten rund um einen großen Mann. War er auch ein großer Kanzler? Das ist umstritten. Er hat mit dem Nato-Doppelbeschluss die Voraussetzung für den Zusammenbruch des Ostens mitgeschaffen und damit auch die Wiedervereinigung ermöglicht. Er hat mit der harten Linie den Anfang vom Ende der irre mordenden Bürgerskinder der RAF eingeleitet. Dazu jedenfalls muss ich sagen: Nicht schlecht, Herr Schmidt.

Uns bleibt nur, das Undenkbare anzunehmen: Dass er irgendwann entgegen aller Wahrscheinlichkeit – schließlich war er immer da – doch irgendwann weg ist.

Wir erinnern uns für diesen geradezu unwahrscheinlichen Fall schon mal – er mag ja das Knappe, Kurze, Protestantische – an ein Plakat, das Bundesbürger am 18. Oktober 1977 nach erfolgreicher Erstürmung der *Landshut* durch die GSG 9 am Zaun des Kanzleramtes angebracht haben:

»Danke, Schmidt!«

Als Helmut Schmidt einmal …

… den Fernseher versteckte

14. Juni 1978, 18 Uhr. Es ist WM in Argentinien. Deutschland spielt in der zweiten Finalrunde gegen Italien. Ein wichtiges Spiel. Die DFB-Elf hat noch die Chance, ins Finale einzuziehen. Ganz Deutschland sitzt vor dem Fernseher.

Helmut Schmidt hingegen sitzt auf einem braunen Kanzler-Ledersessel mit erhöhter Rückenlehne unter einem Gemälde von Schmidt-Rottluff und leitet eine Kabinettssitzung im Bonner Kanzleramt. Das Thema: der sogenannte Höcherl-Bericht, in dem der gleichnamige CSU-Mann sich mit der Frage beschäftigt, wie die RAF Schleyer unbehelligt tagelang in einem Hochhaus verstecken konnte.

Die meisten Regierungsmitglieder bewegt in diesen Stunden allerdings weniger die Frage, wo Schleyer war, sondern wo der Geist von Malente abgeblieben ist, der Deutschland 1974 zum Weltmeister machte. 1978 läuft es eher mau.

Fast alle Minister lassen sich von Referenten über den aktuellen Stand des Spiels informieren und tun so, als interessiere sie der Höcherl-Bericht mehr als der Spielbericht.

Hans Apel allerdings, wie Schmidt Hamburger und darüber hinaus auch noch Fan des FC St. Pauli, rennt immer wieder aus der Sitzung. Der Bundesverteidigungsminister setzt sich einfach vor den nächstbesten Fernsehschirm im Kanzleramt.

Schmidt hingegen bleibt bei der Tagesordnung. Als ihm sein Minister am Ende ein »0:0« zuruft, kann Schmidt mit dieser Information wenig anfangen. Der Kanzler: »Gegen wen haben wir denn eigentlich gespielt?«

Als Helmut Schmidt einmal ...

... groovy war

Hochsommer 1978. Ferienzeit. Die deutsche Nationalmannschaft hat in Argentinien zwar sang- und klanglos
die WM vergeigt, aber der Kanzler ist auf dem Höhepunkt seines Ansehens. Er hat letztes Jahr immerhin die
RAF erledigt. Der Schmach von Cordoba in diesem
Jahr steht der Sieg von Mogadischu gegenüber.

Und jetzt ist er auch noch Strauß losgeworden. Der
ist kurz davor, nach Bayern abzuwandern, um nunmehr vom Süden aus statt direkt in Bonn Opposition
zu machen. Als Ministerpräsident. Oder, wie Schmidt
sagen würde: Anführer »der bayerischen Stämme«.

Doch die Briefe, die Schmidt von urlaubenden
Bundesdeutschen bekommt, lesen sich nicht so, wie es
sich für einen »bewunderten Deutschen« (so hat der
Spiegel Schmidt getauft) gehört. Die Kanzlerfans ori-
entieren sich eher am Spitznamen des Regierungschefs. »Schmidt-Schnauze« bekommt liebevoll auf

dieselbe, das muss irgendwie ein Restbestand der anti-autoritären Zeit sein.

»Lieber Helmut. Ich bin hier in Spanien und verbrate Deine Arbeitslosenunterstützung. Wenn Du weiterhin so sozial eingestellt bist, werde ich Dich wiederwählen. Tschüs Dein Werner«

»Lieber Helmut, auch auf dem Cannstatter Volksfest sind unsere Gedanken stets bei Dir, alter Hallodri. Grüße auch an Loki-Darling«

»Hay Helmut. du bist groovy. Deine Regierungsqualitäten sind pralle Spitze. Zieh' immer warme Socken an und spiel nicht mit Franz Josef«

»Lieber Kanzler, aufgrund Ihrer Währungspolitik ermöglichen Sie uns einen wunderschön billigen Urlaub in Irland«

»Als Soldaten der Bundeswehr produzieren wir zur Zeit Sicherheit auf Kreta. Wir möchten Ihnen für die schönen Tage hier danken.«

Nur im preußischen Osten weiß man noch, was sich gehört im Umgang mit einem deutschen Regierungschef. Von dort kommt eine Karte, die so schlicht ist, wie im Ton angemessen:

»Werter Herr Kanzler und Frau, viele Urlaubsgrüße sendet Ihnen eine Familie aus der DDR«

Als Helmut Schmidt einmal ...

... die Hosen runterließ und Strauß deshalb Nietzsche zitierte

1980, der Wahlkampf ist auf dem Höhepunkt, lässt Schmidt, der sich gern bescheiden als »erster Angestellter der Republik« sieht, die Hosen runter. Auf die Frage nach Verdienst, Vermögen und Pensionsansprüchen antwortet der Kanzler mit der ihm eigenen Pingeligkeit: »Nach meiner letzten Einkommensteuererklärung betrug mein zu versteuerndes Jahreseinkommen 1978 DM 233 000; nach Einkommen- und Kirchensteuer blieben DM 121 000. Über meine Pension habe ich mir noch keine Gedanken gemacht; sie ist im Abgeordnetengesetz und im Ministergesetz geregelt. Nach der letzten Vermögenssteuererklärung besaßen meine Frau und ich 1978 ein Haus in Hamburg, Einheitswert DM 196 000 (das Haus ist mit einer Resthypothek von DM 49 000 belastet), und ein Ferienhaus am Brahmsee mit einem Einheitswert von DM 41 000.

Dazu kommen Bundesanleihen in Höhe von rund DM 98 000. Der Wert der Lebensversicherung betrug 1978 DM 21 000.«

Ein Ferienhaus für 41 000 Mark, eine Lebensversicherung im Wert von 21 000 Mark – da muss der Kandidat der Union, Franz Josef Strauß, wahrscheinlich lachen. Tut er aber nicht. FJS, dem ein erhebliches Vermögen nachgesagt wird und der immer mal wieder im Zentrum von Bestechungsvorwürfen stand, antwortet auf die Geldfrage, er halte es mit einem Wort Friedrich Nietzsches: »Mancher weiß nicht, wie reich er ist, bis er erfährt, was für reiche Menschen an ihm noch zu Dieben werden.«

Als Helmut Schmidt einmal ...

... den Deutschen Starsky und Hutch ausreden wollte

Am 25. August 1967 war das Verhältnis zwischen Fernsehen und Sozis noch in Ordnung: Willy Brandt drückte bei der Berliner Funkausstellung auf einen roten Knopf, startete das Farb-TV und wünschte »viele friedlich-farbige, aber auch spannend-farbige Ereignisse, über die zu berichten und die darzustellen sich lohnt«.

Aber Willy und der ganze Fortschrittsglaube der Sechziger sind passé, und Schmidt macht mit granitharter Kantscher Verantwortungsethik den Kanzler. Er, der in seiner Freizeit gern einen schönen Mozart auf dem Flügel spielt oder ein Aquarell malt, hält wenig bis gar nichts vom Guckkasten. Zwar hat sein Bildungsminister Jürgen Schmude das Fernsehen als größte »Volkshochschule der Deutschen« bezeichnet – aber der Kanzler will 1978 einen freiwilligen fernsehfreien Tag einführen. Grund: Die Television zerstöre die Kommunikation der Familienmitglieder untereinander. Enkel rede nicht mehr mit Opa, Frau nicht mehr mit Mann. Noch schlimmer: Immer weniger reden mit ihm, dem Kanzler, die grün werdende Jugend wendet sich ab, denn: »Auch zwischen Politikern und Bürgern ist die Verständigung oft nicht so, wie sie sein könnte – die Aktivitäten der Bürgerinitiativen jenseits der bestehenden politischen Parteien sind zum Teil aus diesem Defizit entstanden.«

Früher hatten deutsche Regenten das Parlament, die »Quasselbude«, als staatsgefährdend ausgemacht. Schmidt betrachtet das Quasselfernsehen als zersetzend.

Doch Schmidt hat die Lösung für den eskalierenden, am Ende kanzlergefährdenden Fernsehkrieg: einmal in der Woche den Kasten aus lassen. Sein väterlicher Rat: »Sie werden feststellen, dass es Sachen gibt, die noch mehr Spaß machen als Fernsehen. So wie übrigens an den autofreien Sonntagen im November 1973 viele erlebt haben, dass es Dinge gibt, die noch mehr Spaß machen als Autofahren.«

Dinge, die mehr Spaß machen als Autofahren und Fernsehen? – Ohne die Deutschen! Im Jahr der Kanzlerinitiative startet die TV-Klamotte *Zwei himmlische Töchter* mit Iris Berben und Ingrid Steeger sowie die Krimiserie *Starsky und Hutch*. Beides Riesenerfolge. Der TV-freie Tag ist ein Rohrkrepierer.

Wahrscheinlich waren Schmidts TV-Alternativen das Problem: Man solle doch ruhig mal wieder »Mensch ärgere dich nicht« spielen, schlägt der Kanzler vor.

Als Helmut Schmidt einmal ...

... mit VWs und Opels mobilmachen wollte

30. Oktober 1971. Verteidigungsminister Schmidt hält einen Vortrag zum Thema »Die Sicherheit Europas«.

Die ist im Wesentlichen stabil. Im Gegensatz zur deutschen Seelenlage im Hinblick auf das Auto, wie sich herausstellt, als Schmidt nach einigem Dahinplätschern folgenden Satz sagt: »Wir werden übrigens im nächsten Jahr irgendwo eine Mobilmachungsübung machen, in der auch die zivilen Pkw, wie sie hier draußen stehen, eingezogen werden, um zu sehen, ob das überhaupt funktioniert.«

VWs, Opels oder gar Porsche 911er für die Bundeswehr? Staatsbürger in Uniform und im Ford Capri an die Front, um die Russen aufzuhalten? Über Schmidt bricht eine Protestwelle herein.

Bürger fragen: Darf man jetzt mit seinem Opel Rekord überhaupt in den Herbsturlaub fahren? Werden

Soldaten mit dreckigen Stiefeln den schönen Innenteppich des fabrikneuen VW K70 ruinieren?

Die Mobilmachungsübung (Mob genannt) existiert wirklich – auch das Einziehen von Fahrzeugen soll 1972 geprobt werden, aber »regional begrenzt« und vor allem mit Lkws.

Das steht im *Weißbuch* der Bundeswehr, einer Art Almanach der Truppe, ist aber erst jetzt, durch die Betonung Schmidts und entsprechende mediale Verstärkung *(Bild*-Zeitung), zu einer Angststörung der Deutschen gereift. Die Pressesprecher des Verteidigungsministers brauchen Tage, um die Lage wieder zu beruhigen.

Schmidt, zu diesem Zeitpunkt Deutschlands beliebtester Politiker, nimmt die Sache mit der ihm nachgesagten Bescheidenheit: »Ich kann ruhig mal 'nen Minuspunkt gebrauchen.«

Als Helmut Schmidt einmal ...

... bei den Beatles Musik machte

Vielleicht dachten ja einige Bewohner der Abbey-Road kurz vor Weihnachten 1981, die Rest-Beatles seien zurück in ihrem Heimatstudio – obwohl John Lennon erst ein Jahr tot war.

Statt Paul mit George und Ringo kommt jedoch Helmut mit Christoph und Justus: Helmut Schmidt war vorgefahren, um mit Christoph Eschenbach und Justus Frantz Mozarts F-Dur-Konzert für drei Klaviere und Orchester (Köchelverzeichnis 242) einzuspielen. Die Entourage ist der eines Popstars angemessen: Schmidt kommt, zuvor im Luftwaffen-Learjet angereist, mit fünfzehn Begleitern und Leibwächtern.

Schmidt spielt samt sechzigköpfigem Orchester das Werk innerhalb von sechs Stunden ein – und braucht damit auch nicht länger als ein Profi.

Die BBC, die den Tastenmann Schmidt bei der Arbeit gefilmt hat, verkauft das Material anschließend in vierundsechzig Länder.

Nur in Deutschland wird gemäkelt: Der *Spiegel* vermutet hinter der Klavieraktion einen Trick Schmidts, um von seinem bröckelnden Image als Macher abzulenken und sich als »Musenjünger« zu präsentieren. Und in der Tat: Kurz darauf, im Jahre 1982, fällt die sozialliberale Koalition ins finale Koma.

Es ist das letzte Mal, dass Schmidt als Kanzler unterm Weihnachtsbaum und am Klavier sitzt. Nächstes Jahr ist schon Kohl Kanzler, dessen Ehefrau Hannelore gern die Heimorgel bedient.

ALS HELMUT SCHMIDT EINMAL ...

... mit Karl May die Wahl gewann

Herbst 1980. Die Bundestagswahl steht ins Haus. Helmut Schmidt tourt über die Marktplätze und durch die großen Hallen, um Deutschland vor einem Unglück zu bewahren. Das Unglück heißt Franz Josef Strauß und ist Kanzlerkandidat der Unionsparteien. Aber zum Glück hat Schmidt das einzige Gegenmittel gleich dabei: sich selbst.

Bei einer Veranstaltung im Freilichttheater in Bad Segeberg, der Heimat der Karl-May-Festspiele, hat Schmidt eine Rede mit Zitaten des Winnetou-Erfinders angereichert. Das kommt gut an. Seitdem zieht Schmidt – der das Publikum sonst schon mal mit seinen Lieblingsphilosophen Karl Popper und Immanuel Kant belehrt – mit dem großen Abenteuerromancier in seinen Wahlkampfreden durch die Lande.

Schmidt versucht, den Einmarsch der Russen in Afghanistan und der islamischen Revolution im Iran (beides ein Jahr her) mit der Figur Marah Durimeh aus dem May-Spätwerk *Durchs wilde Kurdistan* beizukommen. Der kleine Mann auf der Straße hört aus den Lautsprechern der SPD-Kundgebungen Großes von einer großen Weisen: »Da gibt es eine Frau«, erzählt Schmidt, »die wird vom Volk für heilig gehalten. Marah Durimeh heißt die. Und die hat etwas Wichtiges gesagt, bei Karl May in diesem Buch. Und das will ich mal vorlesen: ›Ihr Toren, die ihr den Hass liebt und die Liebe hasst. Soll sich das Wasser immer wieder röten von Blut? Und soll das Land vom Schein der Flammen sich röten? Könnt ihr nicht in Frieden leben? Niemand kann den Gott des anderen töten und niemand seinen Glauben.‹«

Von Marah Durimeh ist es nach Meinung des Kanzlers nicht weit zum Ayatollah und den Russen.

»Hier sind wir mitten in den Sorgen, die wir Deutschen und viele andere mit uns in Europa und die viele Völker in der Welt gegenwärtig haben. Die Sorgen gehen aus von Teheran, sie gehen aus von Afghanistan. Und von all diesen Besorgnissen möchte ich heute etwas sagen dürfen.«

Eine Botschaft hat der Kanzler in seinen Reden immer im Gepäck: Zur Behebung der Sorgen, die von Teheran und Afghanistan ausgehen, ist einer komplett der Falsche – Franz Josef Strauß. Der watet zwar nicht im Blut, dafür wird er von Schmidt aber gern als

Amokläufer und »Mann des Unfriedens« hingestellt: »Dieser Mann hat keine Kontrolle über sich – und deshalb darf er keine Kontrolle über den Staat bekommen.«

Das sieht nicht jeder so. Jedenfalls nicht in Bad Segeberg: FJS ist hier im Jahr zuvor im Freilichttheater zum Ehrenhäuptling »Schneller Pfeil« ernannt worden und lief mit Indianer-Kopfschmuck durch die Arena.

Die Karl-May-Schlacht gewinnt am Ende trotzdem Schmidt: Die SPD fährt 42,9 Prozent ein. Schmidt bleibt Kanzler. Und Strauß Häuptling von Bayern und Bad Segeberg.

Als Helmut Schmidt einmal ...

... 1259 Seiten SPD-Programm in drei Sätzen zusammenfasste

Der Papst glaubt an das Wort Gottes. Verdinglicht in der heiligen römischen Kirche. Sozialdemokraten glauben an das Wort des Parteitages. Verdinglicht in den dicken Beschlusspapieren eines SPD-Konvents. Nichts auf der Welt ist für einen echten Sozialdemokraten existent, wenn es nicht hinterm Spiegelstrich im SPD-Programm oder in sogenannten *Grundsätzen, Orientierungsrahmen* oder dem *Protokoll der Verhandlungen des Parteitages der SPD* (wie dem von 1970 in Saarbrücken) auftaucht – das ist 1259 Seiten dick. Umgekehrt harrt die Welt zwar der kommenden Veränderungen. Aber die können sich nicht Bahn brechen, wenn ein SPD-Parteitag sie nicht beschlossen hat. Glaubt die SPD.

Um die Welt auf SPD-Niveau zu bringen, braucht die Sozialdemokratie meist Hunderte von Seiten. Und seit neomarxistische Studenten die Partei gestürmt haben, noch ein paar Seiten mehr. Die wollen nicht nur die Partei verändern, sondern gleich die ganze Welt.

Helmut Schmidt interessiert sich nicht für die geliebte und gefürchtete sogenannte Seele der Partei. Aber wie das mit der Weltverbesserung geht, weiß er. Und um es zu erklären, braucht er 1969 – anders als die linken Weltveränderer – nur drei Sätze und fünfundvierzig Sekunden: »Etwas lernen, etwas leisten, anständig und ehrlich seine Steuern bezahlen, ordentlich was auf die hohe Kante legen – und im übrigen das alles nicht übertreiben, damit man auch genug Zeit und Muße hat, sich der weiß Gott angenehmen Seiten des Lebens zu erfreuen. Wenn das jedermann täte – wobei ich noch hinzufügen würde: außerdem SPD wählen und die Gewerkschaft stützen –, dann wäre die Gesellschaft besser dran.«

Als Helmut Schmidt einmal ...

... auf der Orgel Gershwin spielte und tatsächlich einen Fehler machte

Die Sendung *Drei mal Neun* ist eigentlich nicht Helmut Schmidts Terrain: Wim Thoelke präsentiert ab 1970 die neunzigminütige Spielshow, die bereits viele Elemente vom *Großen Preis* enthält (Walter Spahrbier, Wum), achtmal im Jahr. Am Anfang singt das Fernsehballett:

> »Das Glücksrad dreht sich, das Glücksrad
>   dreht sich.
> Für Sie ist heute alles drin.
> Das Glücksrad dreht sich, das Glücksrad
>   dreht sich.
> Es wartet heute auf Sie der Hauptgewinn.
> Spiel mit, das Glück macht heute eine
>   Show.
> Spiel mit, heute sagt Fortuna nicht No.«

Die Sendung ist mit zahlreichen Showaufritten ange-reichert. Am 1. Juli 1971 treten Costa Cordalis, Karel Gott, Dalida und Marek und Vacek auf.

Schmidt tritt also in einer Sendung mit Gott, aller-dings nicht gerade wie ein Tastengott auf: Der Vertei-digungsminister spielt Gershwins »I Got Rhythm« auf einer elektronischen Orgel. Thoelke hatte zuvor anfra-gen lassen, ob er ein Instrument zum Üben schicken sollte, Schmidt hielt dies aber nicht für nötig. Prompt verspielt sich Schmidt und muss sogar neu ansetzen.

Schmidts Gershwin-Interpretation wird später auf einer *Drei-mal-Neun*-LP veröffentlicht, deren Erlös der Aktion Sorgenkind zugutekommt. Diese darf als erste Schallplattenveröffentlichung und einzige auf Platte gepresste Jazzinterpretation Schmidts gelten.

Als Helmut Schmidt einmal ...

... einen Balken im Auge hatte

1978 wundern sich viele Deutsche, was mit Schmidt los ist: Der Kanzler ist auf dem Bundespresseball im November mit Ray-Ban-artiger Brille zu sehen und sieht aus wie Cary Grant in *Der unsichtbare Dritte*. Die Erklärung: Schmidt hat einen Balken im Auge. So bezeichnen Ärzte ins Sehorgan nicht gehörende Splitter mit gewisser Größe, die etwa durch einen Windstoß im menschlichen Auge gelandet sind. Des Kanzlers Balken ist 0,5 Millimeter groß und besteht aus Glas.

Wahrscheinlich war Schmidt der Fremdkörper im windigen Hamburg ins Auge geweht worden, als er dort seinen Vater besuchte. Die Ärzte gehen zunächst irrtümlich von einer Bindehautentzündung aus, und so ist der Kanzler zwölf Tage lang mit Cary-Grant-Brille und Augenklappe unterwegs.

Schmidt empfängt sogar Staatsgäste mit dem Accessoire, darunter Giscard d'Estaing und Italien-Premier

Andreotti. Die kannten bisher nur einen Mann des öffentlichen Lebens mit Augenklappe: den legendären israelischen General Moshe Dajan.

Schmidt ist nur Reserve-Hauptmann und froh, nach knapp zwei Wochen doch noch vom Splitter erlöst zu werden. Er habe es satt, sagt der Regierungschef, »Gespräche unter drei Augen zu führen«.

Als Helmut Schmidt einmal ...

... von der Witzepolizei
erwischt wurde

Im Dezember 1969 macht Verteidigungsminister Schmidt mal einen Witz. Vor Parlamentariern der Westeuropäischen Union (WEU), einem ziemlich nutzlosen Nebengremium der NATO, versucht der Inhaber der Befehls- und Kommandogewalt (IBuK) die Stimmung etwas aufzulockern. Es sei »unrecht«, sagt Schmidt, die NATO »mit dem Liebesleben der Elefanten« zu vergleichen: »Alles spielt sich auf hoher Ebene ab; es wird viel Staub aufgewirbelt; aber auf Ergebnisse muss man jahrelang warten.«

Das Problem: Der Gag ist gar nicht von Schmidt. Er hat ihn von seinem neuen Boss geklaut, wie die Witzepolizei vom *Spiegel* herausfindet: Willy Brandt, damals noch Außenminister, jetzt Kanzler, hatte eine halbes Jahr vorher dasselbe über Europa gesagt.

ALS HELMUT SCHMIDT EINMAL ...

... der Bundeswehr
dicke Unterhosen besorgte

1955 wird die Bundeswehr aufgestellt. Während die DDR-Volksarmee Uniformen trägt, die fast wie die der Wehrmacht anmuten, orientiert man sich beim Bund zunächst an den Amerikanern.

Bloß die Ausgehuniformen des Heeres sehen nach allem aus, nur nicht nach Ami-Chic: Wie Briefträger würden sie daherkommen, »damit kann man sich kaum auf die Straße wagen«, und »die Hosenböden hängen runter, als ob wir reingemacht hätten«, beklagen sich die bundesdeutschen Landser.

Zu Recht, findet Helmut Schmidt. Er ist der erste sozialdemokratische Verteidigungsminister seit 1919, als Gustav Noske das Amt innehatte, und will gleich mal zur Verwaltungsoffensive übergehen.

»Die erste Brigade der Bundeswehr trägt die Sommeruniform im Sommer 1970. Und die anderen werden dann Schritt für Schritt neu eingekleidet«, verkündet Verteidigungsminister Schmidt den 285 500 deutschen Heeressoldaten kurz nach Amtsantritt 1969 in der *Bild*-Zeitung.

Doch die Bundeswehr hat kein Geld, und die Bürokratie ist zu langsam. Die neue Uniform kommt nicht.

Eine Woche später verkündet Schmidt daher zerknirscht – wieder in der *Bild:* »Die Truppe muss sich verschaukelt fühlen.«

Doch Schmidt trägt auch einen kleinen Sieg davon: Der Uniformstoff wird dünner. Und deshalb die Unterhosen dicker, damit die Landser im Winter nicht frieren.

Als Helmut Schmidt einmal ...

... das beste Flugzeug seit Christi Geburt seinem Nachfolger hinterließ

1969. Helmut Schmidt ist Verteidigungsminister und darf sich, sturmerprobt, wie er ist, mit dem Tornado beschäftigen. Das Kampfflugzeug ist der Nachfolger des Starfighters F-104G. Den Starfighter hat noch Strauß besorgt. Aber wie der unstete Bayer, so stürzt auch die Lockhead F-104G ständig ab. Die raketenartige Maschine geht als »Witwenmacher« in die Geschichte ein, weil von 916 Maschinen 292 zu Boden gingen. Schmidt, gerade im Amt, übernimmt die Sache.

Der neue Supervogel, in NATO-Diktion *Multi-Role Combat Aircraft* genannt, soll Schwenkflügel bekommen und ein automatisches Steuerungssystem, um im Tiefflug weit im Osten Atombomben abzuwerfen.

Schmidt ist so beeindruckt von dem Fluggerät, dass ihm, der ja nicht zum Pathos neigt, nur biblische Vergleiche angemessen erscheinen. Der Tornado sei »das größte technologische Projekt seit Christi Geburt«. Also größer als der Kölner Dom, die Mondlandung und sogar größer als das Computersystem, das Horst Ehmke im Kanzleramt einrichten lässt.

1981. Der Stückpreis des Tornados ist inzwischen von 35 Millionen auf 67 Millionen Mark gestiegen. Verteidigungsminister Hans Apel, Nachfolger von Schmidt und Schorsch Leber, muss sich als inzwischen dritter Minister mit dem Tornado rumschlagen.

Schmidt ist auch nicht mehr so begeistert von dem Tiefflugbomber. Dafür aber inzwischen Kanzler. Und als guter Chef hat er einen Tipp für seinen Minister in Sachen Tornado: »Hans, ich rate dir dringend, ökonomischen Sachverstand ins Haus zu holen.«

Als Helmut Schmidt einmal …

… den Parteitag schwänzte, um mit
seinen Bewachern Erbsensuppe zu löffeln

November 1977. Im Hamburger Kongresszentrum
CCH tagt die SPD unter dem Motto: »Sozialdemokraten – Verantwortung für unseren Staat«. Nach der Rede
von Willy Brandt am ersten Tag des Konvents zieht sich
Schmidt in sein Tagungsbüro zurück, um – statt den
Redebeiträgen der Genossen zuzuhören – an seinem
Vortrag zu arbeiten. Doch Schmidts Arbeit wird ge-
stört. Seine drei Sicherheitsbeamten löffeln Erbsensuppe, neben Labskaus das Lieblingsgericht des Kanzlers.

Schmidt schickt die Beamten in die Polizeikantine,
um eine Kanzlerportion zu besorgen. Er kennt das
schon. Suppe gab es auch immer, als er noch als Verteidigungsminister die deutsche Truppe besuchte, die
sich seit dem Zweiten Weltkrieg freundschaftlicher-
weise vom Bedienen echter auf die Handhabung von
Gulaschkanonen verlegte.

Das Kleine-Leute-Gericht ist für Schmidt mit das Positivste am Parteitag. Den Rest des Konvents wird der Kanzler vom Hamburger Bürgermeister Hans-Ulrich Klose und dem notorischen Rollkragenträger Erhard Eppler genervt, die Schmidts Atompolitik kritisieren, anstatt den Helden von Mogadischu zu feiern.

Als Helmut Schmidt einmal ...

... 86 Bruttoregistertonnen nach Polen segelte

Wenn Regierungschefs der Ostsee-Anrainerstaaten im Sommer 1979 am Horizont einen Zwei-Mast-Lotsenschoner am Horizont entdecken, dann bedeutet das nur eins: Achtung, Schmidt kommt. In dieser Zeit benutzt der Kanzler den 86-Bruttoregistertonnen-Segler »Atalanta«, der seinem Hamburger Kumpel, dem Bankier Eric Warburg, gehört, für Ausflüge zu mehr oder weniger befreundeten Regierungschefs.

Im August 1979 bringt der Segler, Baujahr 1901, 21 Meter lang, eine zwanzigköpfige bundesdeutsche Regierungsdelegation nach Polen zu Ministerpräsident Gierek.

Im Jahr zuvor war der Kanzler auch schon mit dem knächzenden Segler unterwegs. Da ist er mit dem kanadischen Premierminister Trudeau an Bord nach Dänemark gesegelt, um Ministerpräsident Anker Jørgensen auf Fünen zu besuchen. Und gleichzeitig Trudeau auf hoher See zum Kauf von Tornado-Kampfflugzeugen zu überreden.

Am Ruder steht ab und zu Schmidt selbst, der es sich auch nicht nehmen lässt, eine Nachtwache zu übernehmen. Der Kanzler kriegt sogar Lob vom Kapitän: »Den merkt man an Bord gar nicht. Wenn der ans Ruder geht, fragt er nur: ›Welchen Kurs?‹ Ich sag zum Beispiel, ›92 Grad‹, dann geh ich weg und brauch mich um gar nichts mehr zu kümmern.«

Auch gucke der Mann am Ruder zur Flagge im Masttopp, die die Windrichtung anzeigt, »und weiß sofort, ob eine Schot dichtgeholt werden muss oder nicht«.

Schmidt liebt solche Fahrten. Er macht nicht nur offizielle Staatsbesuche, er schaut schon mal bei Kollegen vorbei, wenn er »in der Nähe« ist.

Mit seinen »Atalanta«-Törns etabliert sich Helmut Schmidt als Staatskunsterneuerer historischen Ausmaßes: Er ersetzt die unselige deutsche Kanonenpolitik durch die freundlichere Segelbootpolitik.

Als Helmut Schmidt einmal ...

... einen Kollegen lobte

Vom Kanzler gelobt zu werden kann sich – wenn's schlecht läuft – so anhören: Jimmy Carter, der Erdnussfarmer mit dem Moralüberschuss, sei »ein Mann mit besten Absichten«.

Den Ministerpräsidenten Edward Gierek mag Schmidt wirklich gern. 1979 kommt der Polen-Chef deshalb ebenfalls in die Verlegenheit, von Schmidt gelobt zu werden. Aber es geht glimpflich aus: Gierek hätte so große Fähigkeiten, sagt der Kanzler, dass er ihn »auch ins Kabinett nehmen würde. Sagen wir als Arbeitsminister.«

Ein Jahr später bricht der Aufstand der Arbeiter auf der Danziger Leninwerft los.

Als Helmut Schmidt einmal ...

... von der Frage ermüdet war, wer unter ihm amerikanischer Präsident wird

Schmidt ist zwar Opel-Fahrer. Aber er hat auch eine Schwäche für Ford. Jedenfalls wenn er Gerald heißt. Mit dem 38. Präsidenten der USA verbindet ihn eine Freundschaft. Vielleicht liegt das auch daran, dass Gerald Ford die Präsidentschaft in einer Zeit der amerikanischen Schwäche übernimmt: Watergate hat gerade das Vertrauen in die politischen Institutionen, die Niederlage in Vietnam jenes in die Fähigkeit der USA zum Siegen erschüttert. Ford kommt, wie sich das gehört, dem Kanzler jedenfalls wenig mit abweichenden Meinungen in die Quere.

1976 engagiert Schmidt sich sogar indirekt für eine Wiederwahl Fords, der allerdings gegen Jimmy Carter verliert. Carter nervt den Kanzler von Anfang an. Schmidt über Carter: »quäkerhaftes« Auftreten und »völlig unberechenbar«.

Diese Einschätzung resultiert daraus, dass Carter die Neutronenbombe bauen wollte. Schmidt akzeptiert und setzt unter Bedingungen, wie sie nur eine friedensbewegte SPD-Fraktion bieten kann (also den allerschwersten), deren Stationierung in Deutschland durch. Kaum geschehen, da hat es sich Carter anders überlegt. Jetzt will er die Neutronenbombe doch nicht mehr bauen. Was soll das? Schmidt mag so etwas nicht.

1979. Carters Wiederwahl steht an. Helmut Schmidt schickt dem Wirren aus Georgia auf dem Gipfeltreffen auf Guadeloupe schön vergiftete Komplimente hinterher: Mit Carter laufe es jetzt ja besser, lässt Schmidt verlauten. Der Präsident habe viel dazugelernt.

Gegen eine zweite Amtszeit habe er, Schmidt, nichts einzuwenden. Denn: Einem Neuen im Weißen Haus müsse dann erst wieder alles mühselig beigebracht werden.

Als Helmut Schmidt einmal ...

... das Wort an
die eigene Jugend richtete

Seit den späten Sechzigerjahren strömen junge, von den Achtundsechzigern politisierte Akademiker in die SPD. Die Männer mit den Vollbärten lesen Marx, tragen keine Krawatten und wollen den »staatsmonopolistischen Kapitalismus« (Stamokap). Die jungen Frauen werden »rote Heidi« genannt. Wenn es nach den neuen Linken geht, soll die SPD wieder dahin geschoben werden, wo sie einst herkam: ins Lager der Revolution.

Willy Brandt steht den jungen Radikalen zwar skeptisch gegenüber, versucht aber auf den Parteinachwuchs pädagogisch einzuwirken. Vielleicht erkennt er sich auch in ihnen wieder.

Helmut Schmidt nicht. Er schlägt lieber gleich zu: »Viele Leute haben die Schnauze voll, die verstehen das Gestreite nicht mehr. Außerdem verstehen die das

Kauderwelsch der halbfertigen Akademiker nicht, die unsere Resolutionen mit ihren Wortlauten überschwemmen.«

Als Helmut Schmidt einmal ...

... sagte, was für Revolutionäre nicht angängig ist

Am 9. November 1974 stirbt der RAF-Terrorist Holger Meins. Getreu seinem Motto »Sieg oder Tod« hat sich Meins, da der Sieg nicht in Sicht ist, für den Tod entschieden und ist an den Folgen eines Hungerstreiks gestorben. Die Fotos des ausgemergelten toten Meins scheinen die RAF-These zu bestätigen, dass die BRD »Revolutionäre« foltert und ein »faschistischer« Staat sei. Die linksliberale Öffentlichkeit ist geschockt.

Helmut Schmidt nicht: »Und darüber hinaus soll ja niemand vergessen, dass der Herr Meins Angehöriger einer gewalttätigen, andere Menschen vom Leben zum Tode beförderten habenden Gruppe, nämlich der Baader-Meinhof-Gruppe, war. Und nach alledem, was die Angehörigen dieser Gruppe Bürgern unseres Landes angetan haben, ist es allerdings nicht angängig, sie, solange sie ihren Prozess erwarten, in einem Erho-

lungsheim unterzubringen. Sie müssen schon die Un-
bequemlichkeiten eines Gefängnisses auf sich nehmen.«

Als Helmut Schmidt einmal ...

... durchs Fenster ins Kanzleramt einstieg

Oktober 1975. Schmidts Vorzimmerdame Marianne Duden berichtet, was passieren kann, wenn der Kanzler noch mehr Tatendrang verspürt als sonst schon: Dann ist es ist durchaus möglich, dass Schmidt die 200 Meter vom Kanzlerbungalow ins Palais Schaumburg, wo bis 1976 das Kanzleramt untergebracht ist, zu Fuß geht. Kanzlerchauffeur Willi Jülich fährt im Daimler hinterher. Bei Ankunft im Palais würde Schmidt dann erwarten, dass, nach einem Kanzlerpfiff, die Vorzimmerdamen auf den Balkon treten, um den Chef freundlich zu grüßen.

Wenn der Kanzler gut gelaunt ist, klettert er schon mal im Erdgeschoss durchs Fenster.

ALS HELMUT SCHMIDT EINMAL ...

... den Kanzlerpool schmähte

1966 wird der Kanzlerbungalow in Bonn fertig. Der Architekt Sep Ruf hat im Auftrag von Bundeskanzler Ludwig Erhard ein privates Wohnhaus im Bauhausstil entworfen, in dem alle Erhard-Nachfolger bis Helmut Kohl wohnen.

Die Mini-Schwimmhalle, die Erhard hat einbauen lassen, sorgt für einen kleinen Skandal und wird als »luxuriöser Prominentenpool« und Ausweis der Dekadenz »von denen da oben« geschmäht – ein früher Ausbruch des heute wohlbekannten Politikerhasses.

Erhard-Nachfolger Kiesinger hingegen hält das Becken für das Beste, was Erhard hinterlassen hat: »Sechs Stöße Brust, Purzelbaumwende, sechs Stöße Rücken – täglich. Das ist herrlich, das ist ein wirkliches Geschenk Erhards.«

Kiesinger benutzt den Pool fast täglich.

Helmut Schmidt nicht.

Der Kanzler ätzt, das Becken sei »so groß wie ein halber Esszimmertisch«. Wenn Schmidt abends heimkommt, spielt er lieber eine Partie Tischtennis mit Loki.

ALS HELMUT SCHMIDT EINMAL ...

... seinen Interviewer interviewte

17. Oktober 1975. Der *Guardian*-Reporter Peter Jenkins ist im Kanzleramt, um den deutschen Bundeskanzler zu aktuellen Fragen und zum deutsch-britischen Verhältnis im Besonderen zu interviewen. Britannien geht's nicht gut. Man spricht von der »englischen Krankheit«: Ständig streiken die Gewerkschaften, die Arbeitslosigkeit ist hoch, die Wachstumsrate niedrig.

Schmidt, dessen Lieblingswort »Crisis Management« ist, beginnt seine Ausführungen über die Lage von Jenkins' Heimatland. In perfektem Englisch rügt er die Gewerkschaften wegen »narrow minded insularity«. Die Unternehmer seien aber auch nicht viel besser. Diagnose: »Sleepy nine to five management.« Auf der englischen Klassengesellschaft ruhe kein Segen. Unterton: Im sozialdemokratischen Deutschland, wo er, Helmut Schmidt, regiert, ist alles besser. Da gibt es keine Klassen. Das heißt jetzt »Sozialpartner«.

Als er mit seinen Ausführungen fertig ist, interviewt der Kanzler Jenkins: Was denn Margaret Thatcher, Chefin der Konservativen, mache, ob Schmidt-Kumpel Denis Healey auf dem Labour-Parteitag Schwierigkeiten bekommen könne?

Um 16 Uhr ist das Interview schließlich zu Ende. »Der Kanzler redet nun mal so gern Englisch«, sagt ein Mitarbeiter.

ALS HELMUT SCHMIDT ZUM ERSTEN MAL ...

... mit einer wohlgenährten Wochenzeitung in Verbindung kam

1959 lässt sich Helmut Schmidt für vier Wochen zur Bundeswehr einziehen, um einmal selbst zu sehen, wie es bei der neu gegründeten Armee so zugeht. Als er wieder im Bundestag ist, weiß er es: im Wesentlichen genauso wie im Bundestag, wo mit Drucksachen Papierkrieg geführt wird. Nur hat der Bundestag wahrscheinlich mehr Schreibgerät: »Wenn Sie die Papiere, die in einer Kompanie-Schreibstube für einen einzigen Freiwilligen geprüft und zum Teil ausgefüllt und weitergeschickt werden müssen, einmal aufeinanderlegen, stellen Sie fest – ich habe mir das angeschaut –, dass sie zusammen den Umfang einer wohlgenährten Wochenzeitung ausmachen, meine Damen und Herren. Und alles das muss die Schreibstube auf einer einzigen Schreibmaschine erledigen. Mehr Schreibmaschinen stehen ihr nicht zu.«

Da bleibt Schmidt lieber im Parlament. Nicht nur wegen der Schreibmaschinen. Sondern weil man dort – anders als bei der Bundeswehr, die, nach einem Landser-Schnack »dazu da ist, den Feind aufzuhalten, bis eine richtige Armee kommt« – größere Möglichkeiten hat, den Gegner zu bekämpfen.

Jedenfalls, wenn man Schmidt heißt.

Als Helmut Schmidt einmal ...

... gern Revolutionär gewesen wäre

1959. Im Bundestag hat Helmut Schmidt einen Mann gefunden, mit dem er sich rhetorisch so kloppen kann, wie er sich das immer vorgestellt hat: »Es fällt schwer, bei der Polemik des Herrn Baron von Guttenberg nicht zu beklagen, dass die Deutschen niemals eine Revolution zustande gebracht haben, die dieser Art von Großgrundbesitzern die materielle Grundlage entzogen hätte.«

Karl-Theodor zu Guttenberg, drei Jahre jünger als Schmidt, ist der Großvater des zu kurzzeitigem Ruhm gekommenen späteren Verteidigungsministers.

Als zu Guttenberg schwer erkrankt, besucht ihn Schmidt am Krankenbett. Er ist erschüttert von der »ungemein knappen, alles Unwesentliche beiseite lassenden Präzision, nicht nur der Sprache, sondern ebenso der Gedanken« des Todkranken: »Sein Urteil war dasjenige eines völlig freien, eines befreiten Mannes.«

Bei der Beerdigung zu Guttenbergs im Oktober 1972 hält Schmidt die Grabrede.

In einem später erschienenen Nachruf spricht er von der Tapferkeit, mit der Guttenberg »dem Tod entgegengegangen« sei, und von seiner »Gelassenheit in Gott«: »Das alles zusammen hat uns einen Mann erleben lassen, der abhängig war nur von seinem Gewissen.« Schmidt: »Er war ein Gegner, nicht ein Feind.«

Das ist das vorletzte Mal, dass ein Guttenberg bei Schmidt gut wegkommt. Guttenbergs Enkel lobt er zwar erst als kanzlerfähig, doch als der CSU-Aufsteiger den Generalinspekteur der Bundeswehr und den Gorch-Fock-Kapitän in die Wüste schickt, hört für Hobbysegler und Hauptmann der Reserve Schmidt der Spaß auf.

ALS HELMUT SCHMIDT EINMAL ...

... Willy Brandt erzählte,
was Studenten im Norden so machen

Im frisch gebildeten sozialliberalen Kabinett kommt es 1969 zwischen Willy Brandt und Helmut Schmidt zum Streit über den Umgang mit der Jugend.

Schmidt hat die mit Marx-Zitaten und Steinen werfenden Studenten von Anfang an nicht ausstehen können. Brandt sieht die Radikalen etwas milder und denkt, dass aus denen noch was werden kann. Mindestens Oberstudienrat. Im optimalen Fall sogar Bundeskanzler – dafür ist er selbst ja quasi das beste Beispiel. Schließlich war Brandt in seiner Jugend auch mal dunkelrot.

Der Kanzler will eine Amnestie für die aufgrund der antiquierten Straftatbestände »Auflauf« und »Aufruhr« zu Straftätern gewordenen Radikalinskis. Schmidt ist gegen die weiche Welle. Das Hauptargument für politische Härte liefern wie immer Lehren aus dem Leben eines bestimmten Mannes: Helmut Schmidt: »Kameraden, hier im Kabinett sitzt keiner, der wie ich Innensenator war und die Polizei geleitet hat.«

West-Berlin gilt zwar als deutsche Protesthauptstadt, aber Schmidt hat überraschenderweise ganz im Norden die Anarcho-Kapitale ausgemacht: »Während wir hier reden, hauen die in Kiel dem Rektor in die Fresse und scheißen im Gerichtssaal auf den Tisch.«

Die Amnestie wird aufgeschoben.

Als Helmut Schmidt einmal …

… den Secret Service
das Service durchsuchen ließ

Im Juli 1977 besucht Helmut Schmidt die USA. Dort regiert seit Januar – zum größten Bedauern des Kanzlers – Jimmy Carter. Natürlich darf der Kanzler nicht sagen, was er von Carter hält, denn dann wäre die Antwort auch im National Press Club (NPC) in Washington, wo Schmidt am 14. Juli 1977 ein Pressediner abhält, schnell gegeben: nichts.

Stattdessen redet er in perfektem Englisch über die deutsch-amerikanischen Beziehungen, Entspannung und wie es halt so weitergehen könnte auf der Welt, wenn die Vernunft, also er, sich durchsetzen würde.

Sprecher im National Press Club legen traditionell ihre Uhr zur besseren Zeitkontrolle vor sich auf den Tisch. Bisher haben alle sie hinterher auch wieder mitgenommen. Alle. Bis auf Schmidt. Als er schon eine Stunde weg ist, fällt dem Kanzler auf, dass er seine

Uhr vergessen hat. Das ist in der knapp siebzigjährigen Geschichte des NPC noch nie passiert.

In der größten Suchaktion, die der National Press Club je gesehen hat, durchwühlen die Männer des Secret Service, assistiert von deutschen Sicherheitsbeamten, statt die Mülleimer nach Bomben das bereits zusammengeräumte Service nach Schmidts Uhr. Sogar die benutzten Servietten werden wieder auseinandergerollt. Doch die Uhr bleibt verschwunden.

Als der Kanzler nach Amerika kam, hatte er schon jede Illusion über Carter verloren. Als er wieder fährt, ist auch noch seine Uhr weg. Doch das deutsch-amerikanische Verhältnis steht auch diese Krise durch.

Als Helmut Schmidt einmal …

… zum Studienberater wurde

1969. In Deutschland steht vielen, wenn das Wort »Soziologe« fällt, der Angstschweiß auf der Stirn. Wird Deutschland rot, weil junge Leute das Falsche studieren? Immerhin waren der »rote Dany« Cohn-Bendit und Feindbild Nummer eins Rudi Dutschke eingeschriebene Soziologiestudenten.

Soziologie gilt als Modestudium mit zweifelhaften Berufsaussichten, auch wenn einige wenige der Kommilitonen durchaus Interessensgebiete der Zukunft für sich identifiziert haben, die ihnen der Dschungelkrieger Che Guevara zugewiesen hat: »Die Aufgabe des Revolutionärs ist es, die Revolution zu machen.«

Helmut Schmidt, der bei Karl Schiller in Hamburg Volkswirtschaft studiert hat, nimmt sich der Sache an. Er findet, dass es Aufgabe der Studenten ist, schnell Staatsexamen und Diplom zu machen, um den Gefahren der Straße zu entgehen: »Wir haben viel zu viel

Soziologen und Politologen. Wir brauchen viel mehr Studenten, die sich für anständige Berufe entscheiden, die der Gesellschaft auch nützen.«

Dem Sozialistischen Deutschen Studentenbund (SDS) ist es egal, was einer studiert, Hauptsache er trifft. Der SDS lässt verlauten, es sei »zweifellos wichtig, Schmidt weiterhin mit Stinkbomben zu bewerfen. Aber die revolutionäre Bewegung ist inzwischen so weit vorangeschritten, dass diese Funktion nicht mehr von brotlosen Soziologen, sondern von ›anständigen Berufen‹ wie Lehrern, Medizinern und anderen Gruppen ausgeübt werden kann.«

ALS HELMUT SCHMIDT EINMAL …

… nach Hause kam
und nach der Leiche suchte

1966. Die Zeit der WGs ist bei der Jugend noch nicht gekommen. Helmut Schmidt hingegen wohnt schon seit Jahren in einer Wohngemeinschaft.

Der beste Freund Helmut Schmidts heißt Willi Berkhan. Die beiden Sozialdemokraten kennen sich bereits seit Studienzeiten. Zusammen sitzen sie im Parlament, zusammen sitzen sie manchmal am Brahmsee, wo sie Nachbarn sind. Und zusammen sitzen sie auch in der gemeinsamen Küche: Seit 1959 teilen sie sich eine Dreizimmerwohnung in der Bonner Innenstadt, die sie beide am Wochenende verlassen, um nach Hause zu fahren.

Berkhan, der gelernte Studienrat, den Verteidigungs-minister Schmidt später ins Ministerium holen wird, isst gern Problemkäse. Einmal lässt er einen Harzer Roller vor der Abreise offen liegen und die Heizung an.

Als die beiden nach Tagen gemeinsam in die Wohnung zurückkehren, fragt Schmidt: »Wo liegt die Leiche?«

Als Helmut Schmidt einmal ...

... bei der Lufthansa
etwas mitgehen ließ

Seine Zeit als Innensenator in Hamburg hat Schmidt berühmt gemacht. Als Bekämpfer der Sturmflut 1962 kommandierte er, ohne jede Befugnis, Bundeswehr und sogar NATO-Einheiten. Jetzt, 1967, kommandiert er als Fraktionschef nur noch die SPD-Bundestagsfraktion.

Hat Schmidt vielleicht Sehnsucht nach den alten Sturmflut-Zeiten? Es gibt einen Hinweis.

Jedenfalls könnte Menschen, die viel in der ersten Klasse der Lufthansa fliegen, an Helmut Schmidt etwas aufgefallen sein: Habe ich dieses Ding an seinem Schlips nicht neulich neben meinem Teller liegen sehen?

Helmut Schmidt benutzt in dieser Zeit gelegentlich eine Serviettenklammer der Airline mit der Aufschrift »Senator« als Krawattenhalter.

ALS HELMUT SCHMIDT EINMAL …

… die Zukunft voraussagte
und den Atom-Öko erfand

Die Anti-Atombewegung hat Helmut Schmidt von Anfang an genervt. Die hysterischen Bürgerkinder, die gegen die AKWs von Brokdorf und Grohnde anrennen, untergraben nicht nur die Bauzäune, sondern aus Sicht Schmidts auch die Prinzipien des Rationalismus, auf denen jede Politik aufbaut.

Ja, es gebe Risiken, aber er, der Kanzler, sei nach gründlicher Abwägung der Ansicht, dass man »diese Risiken in Kauf nehmen könnte«. Außerdem steht im Godesberger Programm von 1959, »dass der Mensch im atomaren Zeitalter sein Leben erleichtern, von Sorgen befreien und Wohlstand für alle schaffen kann«. Das denkt Schmidt immer noch – was haben diese Linken eigentlich gegen Wohlstand?

Der Idee der eigenen Leute – schließlich ist die SPD die Partei des Potts –, als Atomalternative wieder verstärkt auf Kohle zu setzen, erteilt der Kanzler im Kabinett eine Absage: »Die Verbrennung jeder Art von Kohlenwasserstoff führt zu einer gefährlichen Aufheizung des Erdballs.« Schmidts Antwort: »Die Welt braucht Kernenergie.«

Vor dem SPD-Vorstand hat der Kanzler auch eine Prognose parat, wie die Zukunft aussehen könnte: »Im Jahre 2010 werden wir kein Öl mehr haben. Dann werden alle Autos mit Batterien fahren. Dazu brauchen wir Atomkraftwerke, damit wir die Batterien aus der Steckdose aufladen können.«

Erhard Eppler, der Mann mit dem Rollkragenpulli, der Schmidt mit Öko-Ideen ständig nervt, sieht im Kanzler einen Konkurrenten auf seinem Spezialgebiet, der in der SPD langsam in Mode kommenden Disziplin des »Querdenkens« heranwachsen: »Wenn ich so einen Kram erzählt hätte, würde man sagen, ich sei ein Phantast.«

Als Helmut Schmidt einmal ...

... Bischöfen
die Geburtenkontrolle empfahl

1979. Staatsbesuch in Brasilien. Helmut Schmidt ist nach Lateinamerika geflogen, um nicht zuletzt den linkslastigen Kirchen- und Gewerkschaftsvertretern ihre Flausen auszutreiben. Die gleichen Leute, links, christlich, nervig – Stichwort Erhard Eppler –, strapazieren ja schon in Deutschland die Geduld des Kanzlers.

Zwar regiert in Brasilien eine Militärjunta, aber der Kanzler findet trotzdem, Realismus und nicht moralische Empörung sei oberstes Gebot.

Der Metallarbeiterführer Luiz Inácio da Silva beschwert sich beim Kanzler über niedrige Löhne auch beim brasilianischen Ableger von VW. Der habe kein ökonomisches Wissen, lässt der Kanzler später verlauten, hat aber eine Idee, wie sich das ändern ließe: Er solle doch mal bei VW-Betriebsräten in Wolfsburg ein Praktikum machen.

Der Mann reüssiert dann doch noch, auch ohne Praktikum bei VW: 2002 wird Luiz Inácio da Silva, besser bekannt unter dem Nama Lula, brasilianischer Präsident.

Und als brasilianische Bischöfe über die sozialen Verhältnisse im Land klagen, empfiehlt der Kanzler, sie sollten lieber mal mithelfen, die Geburtenrate zu senken.

Die Männer in den Talaren erinnern ihn wahrscheinlich irgendwie an die eigene Parteijugend, deren Vorsitzender gerade Gerhard Schröder ist: »Wie ein Jungsozialist«, also »schrecklich naiv« seien sie alle. »So ein Bischof«, mäkelt der Weltökonom, »weiß nicht mal, was eine Milliarde ist.«

ALS HELMUT SCHMIDT EINMAL ...

... keine Lust auf einen Platz
in der Air Force One hatte

Juli 1978. Jimmy Carter kommt nach Deutschland, um seinem wichtigsten Verbündeten einen Besuch abzustatten: Es ist Weltwirtschaftsgipfel in Bonn. Die Weltwirtschaft allerdings kennt nur einen Platzhirschen: Helmut Schmidt.

Schmidt hat sich diesmal vorgenommen, Jimmy Carter nicht ganz so hart ranzunehmen wie sonst. Doch daraus wird nichts. Das liegt an zwei Regierungsjets und der Frage, wer mit was fliegt.

Der Präsident ist wie immer mit der Air Force One unterwegs, einer Boeing 707, militärische Bezeichnung VC-137C. Das Flugzeug, in dem schon JFK flog. Mit Satellitenverbindung nach Washington und allem Drum und Dran.

Das Größte, was Helmut Schmidt zur Verfügung hat, ist ebenfalls eine Boeing 707. Aber da ist nur ein

Gerät zum Empfang von Fernkopien drin, wie Faxe damals heißen. Außerdem heißt die auch nicht Air Force One, sondern »August Euler« oder »Hermann Köhl«.

Als es darum geht, mit welchem Flugzeug die beiden nach Frankfurt fliegen, wo der Präsident eine amerikanische Garnison besuchen will, weigert sich Carter, mit Schmidt in einen deutschen Luftwaffenjet zu steigen. Dabei ist sogar schon Leonid Breschnew ein paar Monate vorher gern mitgeflogen.

Carter prahlt, er brauche immer die Stand-by-Verbindung nach Washington. Falls ein Krieg ausbricht oder eine Revolte im Kongress – Schmidt verstehe schon.

Schmidt versteht vor allem, dass es nichts mehr wird mit ihm und Carter, und rächt sich.

Der Präsident bietet dem Kanzler und seinem Team jovial vier Plätze in der Air Force One für den Flug von Rhein-Main nach West-Berlin an. Er hält das für eine generöse Geste.

Jeder Regierungschef eines kleinen Landes hätte wahrscheinlich Freudentränen in den Augen gehabt. Jeder – außer Schmidt.

Carter hat Schmidts Einladung ins Privathaus nach Langenhorn ausgeschlagen und will nicht im Bundeswehrjet fliegen. Jetzt will Schmidt auch nicht in die Air Force One, Legende hin oder her. Eine Boeing 707 hat er schließlich selbst.

Der Kanzler fliegt also allein – allerdings kommt er ganz ohne Hilfe des großen Bruders nicht nach Berlin. Er steigt in eine kleinere amerikanische Maschine, denn deutsche Jets dürfen zu dieser Zeit Berlin nicht anfliegen.

Als Helmut Schmidt einmal ...

... um den deutschen
Schnapstrinker sorgte

Im Herbst 1981 denkt der Kanzler über Steuererhöhungen nach. Mit dem zusätzlich eingenommenen Geld sollen Jobs geschaffen werden.

Die *Bild*-Zeitung rechnet nach: Bis zu 100 Mark mehr im Monat würden die Bundesbürger für Branntwein und Sekt ausgeben müssen.

Der Kanzler rechnet auch nach: »Damit jemand auf eine Mehrbelastung von 100 DM kommt, müsste er pro Monat 131 Flaschen Korn oder Weinbrand trinken. Wenn er kein Schnapstrinker ist, sondern es auf die Sektsteuer bezieht, müsste er 153 Flaschen Sekt im Monat trinken.«

Als Helmut Schmidt einmal ...

... fast eine grönländische Friedensbewegung gegründet hätte

Bonn, 10. Oktober 1981. 250 000 Menschen demonstrieren auf der größten Kundgebung nach dem Krieg gegen die Stationierung amerikanischer Mittelstreckenraketen. Es sprechen: Heinrich Böll, Petra Kelly und Uta Ranke-Heinemann. Musik kommt von den Bots, die ihre Friedensschnulze »Das weiche Wasser« vortragen.

Vor allem junge Menschen sind gegen die neuen Atomwaffen auf deutschem Boden.

Was sie nicht wissen: Helmut Schmidt, dem sie die neue Rüstungsrunde anlasten, war schon gegen die Stationierung, als ein Teil der jetzigen Demonstranten noch gar nicht geboren war: »Landgestützte Raketen gehören nach Alaska, Labrador, Grönland oder in die Wüsten Libyens und Vorderasiens, keineswegs aber in dicht besiedelte Gebiete.«

Helmut Schmidt hat diese These 1961 in seinem Buch *Verteidigung oder Vergeltung* formuliert und auch bei der Verhandlung des NATO-Doppelbeschlusses im Dezember 1979 wieder vertreten. Aber die Amerikaner waren dagegen: »Zu teuer.«

So kommt es, dass an diesem 10. Oktober 1981 junge Menschen in Bonn in den Genuss von Petra Kelly und den Bots kommen und auf Grönland die Eskimos einfach weiter fischen gehen.

Als Helmut Schmidt einmal ...

... Bet-Training empfahl

»Angst« ist das Modewort der frühen Achtzigerjahre. Auf Friedensdemonstrationen schnallen Eltern ihren Kindern Pappplakate um, auf denen steht: »Ich habe Angst.« Es ist das definitive, sich jeglicher Rationalität entziehende Argument, dass alles anders werden muss. Sofort.

»Fantasie an die Macht«, skandieren sie. An der Macht ist aber Helmut Schmidt. Und der hat keine Angst.

Keine Angst vor Atomraketen und Atomkraftwerken, keine Angst vor Computern, keine Angst vor Reagan. Und er hat auch keine Angst vor der neuesten, von Psychologen diagnostizierten definitiven Angst, nämlich der »Angst vor der Angst«.

Interessanterweise tun sich beim Angsthaben besonders die Christen hervor: die marschieren auf Friedensdemos mit blauen Halstüchern vorneweg und zitieren die Bergpredigt. Schmidt-Vertrauen haben die schon lange nicht mehr. Gottvertrauen allerdings auch nicht.

Der Kanzler kennt auch den Grund: Die »Patent-Ethiker« und »Bergpredigt-Pazifisten« würden »andere mit ihrer Angst infizieren, weil sie nicht beten können«.

Beten tut Schmidt allerdings selbst selten. »Beten Sie?«, wird der Altkanzler 2011 gefragt und mit der Antwort zitiert: »Ich führe keine Selbstgespräche.«

Als Helmut Schmidt einmal ...

... die Ölkrise hatte

1975. Wahlkampf in Schleswig-Holstein. Die autofreien Sonntage sind zwei Jahre her. Der Bericht des Club of Rome über die »Grenzen des Wachstums« befindet sich seit nunmehr drei Jahren in den Bücherregalen von SPD-wählenden Studienräten. Wachsen tun nur noch deren Bärte, aber nicht mehr die Prosperitätsraten. Der Kanzler muss reagieren und ein bisschen Bescheidenheit demonstrieren, ohne fatalistisch zu werden.

Bei einer Wahlkampfveranstaltung in Kiel macht Schmidt den Befreiungsschlag: Der Kanzler verkündet, nun habe auch er aus der Energiekrise gelernt. Er sei von einem Opel Commodore auf einen Opel Rekord umgestiegen. Der Commodore verbraucht schon mal fünfzehn Liter. Der Opel Rekord nur um die zwölf.

Doch die Stimmung im Saal bleibt schlecht: Schließlich ist der Benzinpreis gerade auf rekordverdächtige 84 Pfennig gestiegen.

Als Helmut Schmidt einmal ...

... an der japanischen Seele scheiterte

Seit 1975 ist Japan, ein neuer Star der Weltökonomie, der die deutsche Kamera-, Uhren-, Unterhaltungs- und Motorradindustrie zermalmt hat, beim Weltwirtschaftsgipfel dabei. Dort hat seit 1974 Helmut Schmidt das Sagen. All die Andreottis und Callaghans und Gerald Fords kommen und gehen. Helmut Schmidt bleibt und führt das große Wort: Vor allem der Amerikaner Jimmy Carter muss sich vom Kanzler ökonomische Vorträge anhören, gespickt mit volkswirtschaftlichen Begriffen, von denen der Erdnussfarmer aus Georgia noch nie gehört hat. Schmidt ist der Meinung, dass er, der deutsche Kanzler, als unerschütterlicher Käpt'n Deutschland die Bundesrepublik durch »schwere Fahrwasser« hindurchgesteuert habe. Gegen den sturmerprobten Schmidt erscheinen alle anderen höchstens als Freizeitkapitäne.

Doch mit den Japanern kommt Schmidt nicht klar. Er, Schmidt-Schnauze, versteht die japanische Bescheidenheit nicht und dass Japaner mitunter das Gegenteil von dem sagen, was sie meinen.

1979 eröffnet der japanische Premier Masayoshi Ohira das Treffen sinngemäß mit den Worten: »Entschuldigen Sie, ich verstehe nicht viel von der Sache und fühle mich ihr nicht gewachsen.« Schmidt bleibt ratlos zurück. Er versteht nicht, dass Ohira sich selbstverständlich genauso kompetent fühlt wie Schmidt, anders als dieser es aber nicht jedem ständig sagt.

Beim Weltwirtschaftsgipfel in Venedig sitzt Schmidt neben einem ihm unbekannten japanischen Spitzenbeamten. Der Mann redet den ganzen Tag nicht und lächelt nur. »Halten Sie für möglich, dass er intelligent ist?«, fragt ein zermürbter Schmidt am Ende eines langen schweigsamen Tages einen anderen Teilnehmer der Sitzung.

Als Helmut Schmidt einmal ...

... von Loki hoheitliche Aufgaben abgenommen wurden

1. Juli 1977. Ein deutscher Sommer. Der gleichnamige Herbst mit den RAF-Anschlägen kommt erst noch. Kanzlerfest.

Es steht unter dem Motto »Hat die Welt Töne? – 100 Jahre Edison- Grammophon«. Die Leute aus dem Kanzleramt haben Volker Kühn als Spaßvogel angeheuert. Er soll für lustige Elemente sorgen – vielleicht ahnt ja jemand, dass es bald sehr unlustig wird in Deutschland. Kühn ist Kabarettist, Regisseur, Drehbuchautor und hat mit Dieter Hildebrandt die *Notizen aus der Provinz* gemacht. Er wird später literarischer Nachlassverwalter von Wolfgang Neuss, der mit dem Spruch bekannt wurde: »Auf deutschem Boden darf nie wieder ein Joint ausgehen.«

Als Kühn mit langen Haaren vor dem Kanzleramt auftaucht, fummeln die Beamten des Bundesgrenzschutzes nervös an ihren MPis. »Jungs, entspannt euch, der Chef erwartet mich«, sagt Kühn.

Beim Kanzlerfest im Garten der Regierungszentrale lässt Kühn allerlei lustiges Gerät aufstellen, darunter eine »Witzmaschine«, die nach Geldeinwurf Kanzlerkalauer vom Tonband ausspuckt.

Eigentlich macht der Kanzler vor Beginn des Festes einen Rundgang und nimmt die Vergnügungen ab. Ehe es losgehen soll, nimmt aber Loki Schmidt Kühn beiseite: »Herr Kühn, wir machen das mal zusammen. Der Helmut hat doch so gar keinen Humor.«

Als Helmut Schmidt einmal ...

... statt mit Willy und Herbert mit Raphaela, Petra und Natascha die Bühne teilen musste

Aber es kommt auf dem Kanzlerfest doch noch zum Tatbestand von Schmidt-Humor. Kühn hatte Jahre zuvor eine lustige Schallplatte herausgebracht: Auf der LP *Politparade* sind Redeschnipsel von Strauß, Kohl und Schmidt mit Pop, Boogie-Woogie und Reggae vertont worden – eine frühe Form des Sampling. Die Platte landet sogar in den Charts. Kühn schlägt vor, Schmidt solle doch zwei Songs aus der *Politparade* als Playback im Bonner Stadttheater vortragen. Wohl in Unkenntnis, was da auf ihn zukommt, sagt Schmidt zu.

Kühn: »Ich bestand auf einer intensiven Probe, die an einem späten Juniabend – Schmidt kam gerade aus Kanada gejettet – in Bonn stattfinden sollte. Dort saß man also – Parodierer und Parodierter – auf dem Ledersofa des Kanzleramts friedlich nebeneinander, hörte die starken, schmidtschnauzigen Sprüche ab. Wenig später stand der Profi mit seinen beiden *Politparade*-Nummern – vorgeführt wie geprobt – auf der Bühne des Bonner Stadttheaters, als wär's bei Heck im ZDF. Eingerahmt von drei leichtgeschürzten Go-go-Girls, feuerte er hinterm Attrappen-Mikro und zum Vollplayback sein ›persönliches Langzeit-Motto‹ ins Parkett.«

Die Go-go-Girls heißen Raphaela, Petra und Natascha. Im Parkett sitzen drei wichtige Männer. Sie heißen Bruno, Olof und Anker. Sie sind die Regierungschefs von Österreich, Schweden und Dänemark. So was haben sie noch nie gesehen.

Als Helmut Schmidt einmal …

… nicht mehr Kanzler war

1. Oktober 1982. Letzter Tag als Kanzler. Erst redet Schmidt im Bundestag. »Dem Herrn Kollegen Genscher« muss er eine unerfreuliche Nachricht überbringen: »Über viele Jahre, Herr Kollege Genscher, werden die Bürger dieses Verhalten nicht vergessen.« Dem »Herrn Dr. Kohl« hingegen hält Schmidt dessen »wahrheitswidrige Parole vom Staatsnotstand« vor.

Aber »die Bürger« vergessen »dieses Verhalten« des Kollegen Genscher quasi sofort und bestätigen 1983 Herrn Dr. Kohl als Kanzler. Genscher bleibt bis 1992 Außenminister.

Nach der Rede und seiner Abwahl als Kanzler bekommt Schmidt von Herbert Wehner einen Blumenstrauß aus roten Rosen in Klarsichtfolie. Dann fliegt ihn die Flugbereitschaft der Bundeswehr mit einer Challenger nach Hamburg-Fuhlsbüttel. Nach Hause.

Zurück muss der jetzt ehemalige Kanzler schon

83

Lufthansa statt Luftwaffe fliegen. Der Abgeordnete Schmidt/Hamburg ist für kommenden Montag auf LH 406 Hamburg-Düsseldorf gebucht. Er wählt Economy.

Als Helmut Schmidt einmal …

… die NZZ dem BND vorzog

Staaten brauchen Geheimdienste. Der westdeutsche Bundesnachrichtendienst ist unter den Geheimorganisationen der Welt besonders gefürchtet: für seine chronische Erfolglosigkeit. Die ostdeutsche Stasi hingegen hat sogar einen Meisterspion im Kanzleramt platziert, der Willy Brandt zu Fall brachte. Wodurch Helmut Schmidt ins Amt kam.

Zur Pflicht der Bundeskanzler gehört eigentlich das regelmäßige Anhören der Lageberichte des BND. Helmut Schmidt findet das nicht. Er bleibt den Lageberichten des BND regelmäßig fern. Als ihm vorgeschlagen wird, doch wieder einmal teilzunehmen, bricht der Kanzler in Hohngelächter über »diesen Dilettantenverein« aus.

Mit dem »Ausdruck ehrlichen Entsetzens« lässt der Kanzler vernehmen: »Da kann ich ja gleich die *Neue Zürcher Zeitung* lesen.«

Die hat noch einen weiteren Vorteil gegenüber den BND-Berichten: Sie bietet dem musischen Kanzler einen Kulturteil.

Als Helmut Schmidt einmal …

… einen Botschafter zum Mercedeshändler machte

Ostpolitik machen die Sozialdemokraten besonders gern. Schließlich haben sie damit 1972 die Wahlen gewonnen. Seitdem werden die Herren Breschnew, Honecker und Deng Xiaoping (Fernostpolitik) regelmäßig aufgesucht, um der SPD-Erfindung »Entspannung« Vorschub zu leisten: Nicht nur die verkniffenen Mienen der besuchten Greise sind Ziel der Bemühungen, sondern die Welt insgesamt. Und wahrscheinlich ist ein Besuch bei Leonid Breschnew im Kreml immer noch entspannter als eine Lagebesprechung mit Willy Brandt und Herbert Wehner in der »Baracke« geheißenen SPD-Zentrale.

Besonders wichtig ist Moskau: Was soll Helmut Schmidt sich mit Honecker treffen, wenn das, was der mit Fistelstimme von sich gibt, sowieso von Moskau aus eingeflüstert wurde – oder, wenn dem nicht so ist, es dem Kanzler egal sein kann?

Schmidt hält auch deshalb gern mit den Russen Kontakt, weil er damit Jimmy Carter eins auswischen kann, den er für total unfähig hält.

In Moskau gibt es allerdings auch einen Botschafter. Er heißt 1978 Hans-Georg Wieck. Seine Existenz als Exzellenz dort ist – neben seinen unbestrittenen Verdiensten – wohl der Tatsache zu verdanken, dass es auf der Welt nun mal Botschafter geben muss, sonst wären die Sektempfänge leer.

Wenn es wichtig wird, kommt Schmidt selber angereist oder greift zum Telefon.

Auf die Frage, was ein Botschafter in Moskau selbstständig tun könne, antwortet Schmidt: »Nichts.«

Wieck findet dann doch noch ein Betätigungsfeld: 80 Prozent der in Moskau akkreditierten Botschafter fahren Mercedes. Oft wird der deutsche Gesandte angehauen, ob er nicht Ersatzteile besorgen könne.

Als Helmut Schmidt einmal ...

... erst die Hippie-Bundeswehr einführte
und dann doch die Truppe
zum Friseur schickte

Früher war in Deutschland der Krieg der Ernstfall.
Doch seit sich Deutschland aus dem Welteroberungs-
business zurückgezogen hat, ist der Frieden der Ernstfall, wie die Bundeswehrführung unermüdlich verkündet, damit die Truppe beim Knobelbecherputzen
nicht einschläft.

Im November 1971 ist mal wieder Ernstfall: Auch
die jungen Menschen in der Bundeswehr lassen sich
die Matten wachsen – lange Haare, jahrelang als Mo-
destatement von »Gammlern« und »Hippies« verschrien, sind längst allgemeine Mode und damit auch
bei der Bundeswehr angekommen.

Helmut Schmidt muss sich mit dem Thema des mi-
litärischen Haarschnitts befassen. Während altgedien-

te Generäle ein Langhaarverbot befürworten, schlägt Schmidt moderate Töne an: Er erlässt eine Verfügung über die »Haar- und Barttracht« in der Bundeswehr. So wie Panzer unters Tarnnetz, so müssen lange Haare beim Bund – als »German Hair Force« verspottet – unters Haarnetz.

Schmidt zu den hippiephoben Kommandeuren: »Wenn Sie weiter für kurze Haare sind, werde ich Ihnen die Haarlänge der alten Generale und Marschälle mitteilen.«

Doch die Truppe gibt keine Ruhe. Eine Kommission stellt Ekliges fest – der Bund ist mit langen Haaren noch weniger kampfbereit als sowieso schon: »Das Auftreten von Hauterkrankungen, insbesondere Infektionen und Parasitenbefall« werde begünstigt, Akne-Pusteln der Soldaten würden »beim Tragen von Bärten und langen Haaren besser verbreitet werden«.

Die Bundeswehr – ein Krankheitsherd?

So kommt es, dass Schmidt seinen Haarnetzerlass wieder zurücknehmen muss. Neue Vorgabe: Die Haare der Landser dürfen nicht über den Kragen, nicht über die Augen und nicht über die Ohren reichen.

Ein Soldat mit Matte kommt über den Haarschneidebefehl nicht hinweg: »Ich wollte sterben, als ich das hörte.«

Die Frisuren *waren* der Ernstfall, in Deutschland 1972.

ALS HELMUT SCHMIDT EINMAL ...

... schon um 21.41 Uhr
nach Hause kam

Wenn der Kanzler nach Hause kommt, verrät Loki im Juni 1975 der Presse, geht er erst an den Kühlschrank und isst eine große Packung Eis. Dann wird Schach und danach noch mehrere Runden Tischtennis ge-spielt. Doch es ist der 1. Oktober 1982 – der Kanzler heißt ab heute Kohl. »Herr Doktor Kohl«, wie Schmidt den Mann aus der Pfalz mit größtmöglicher Verachtung anredet.

Schmidt kommt diesmal nicht wie üblich um Mitternacht nach Hause, sondern erscheint Punkt 21.41 Uhr. Und zwar in Hamburg-Langenhorn, Neu-berger Weg, statt in Bonn vorm Kanzlerbungalow – da hat er noch drei Monate Kündigungsfrist.

Loki ist nicht da. Die ist in Brasilien.

Dafür sind neben den Sicherheitsbeamten einige Nachbarn und Schmidt-Fans da. »Ich habe den ganzen Tag vor dem Fernseher gesessen«, erzählt Nachbarin Astrid Wucke, die eine Nelke mit dabeihat. »Ich hab ihn zwar nicht gewählt, aber er tut mir leid.«

So geht es ganz Deutschland. Man spricht vom »Schmidtleidseffekt«. Die Stimmung ist ungefähr so: Deutschland ohne Schmidt – irgendwie geht das vielleicht. Aber dass Deutschland deshalb automatisch von Kohl regiert wird – warum hat man uns das vorher nicht gesagt?

Das nennt man zwar »konstruktives Misstrauensvotum«, aber als sehr konstruktiv sehen das die meisten Deutschen nicht, wenn das Ergebnis der Dicke aus der Pfalz ist.

Das letzte Mal, als ein sozialdemokratischer Kanzler ging, weinte Egon Bahr über den Rücktritt Willy Brandts. Deutschland verlor einen Messias. Später gab es sogar eine Oper über Willy.

Heute, hier in Langenhorn, gibt es Gemüsesaft.

»Ich will mich bedanken für die Arbeit, die er für uns gemacht hat«, sagt ein vierundzwanzigjähriger Student. Er überreicht dem Kanzler eine Flasche Tomatensaft für 1,99 Mark. »Bitte, Herr Schmidt, zur Erfrischung.«

»Das ist ja fabelhaft«, sagt Schmidt und geht ins Haus.

ALS HELMUT SCHMIDT EINMAL …

… Hamburg zur
heimlichen Hauptstadt machte

1985. Die deutsche Hauptstadt heißt Bonn – für viele ein Irrtum der Geschichte. Die alte Hauptstadt Berlin ist geteilt, ist Preußens Grab und wird im subventionierten Westteil vor allem von jungen Menschen bevölkert, die Helmut Schmidt einmal als »halbfertige Akademiker« bezeichnet hat. Und dann gibt es noch die »heimliche Hauptstadt« München, die das Hamburger Magazin *Der Spiegel* schon in den Sechzigerjahren als solche ausgerufen hat.

Und Hamburg? Man kann sagen, dass die Hansestadt 1985 nicht gerade die beste Phase durchmacht. »Meine schlafende Schöne« nennt sie Helmut Schmidt. »Langweilig« sagen alle anderen dazu, die das Aufregende an Pöseldorf immer noch nicht verstanden haben.

Doch Hamburgs Versinken in Langeweile und Ödnis wird gerade noch abgewendet. Denn da ist ein

Mann vor: Helmut Schmidt. Er bringt ein bisschen Glanz in die Bude. Die Bude steht in Hamburg-Langenhorn, und der Glanz färbt auf die ganze Stadt ab, die wenigstens tageweise zur heimlichen Hauptstadt wird. Und das geht so:

29. August 1985. Helmut Schmidt steht am Hamburger Flughafen Fuhlsbüttel, dessen Empfangsgebäude an die Architektur einer Badeanstalt erinnert.

»Hi, Jerry, wie geht's?«

Jerry ist gerade aus der PanAm-747 »Clipper Ocean Herald« geklettert. »Jerry« ist Schmidts Lieblingspolitiker Gerald Ford, der nach Hamburg gekommen ist und drei Tage bei den Schmidts im Reihenhaus wohnt. Eine Art Superstaatsmann-WG auf Zeit. Betreutes Wohnen: Allein achtzehn Secret-Service-Männer sind mit von der Partie.

»Wonderful to see you«, erwidert Ford und steigt mit Schmidt in einen der drei gepanzerten Mercedes mit dem Kennzeichen HH-XW 648. Die aus neun Fahrzeugen bestehende Kolonne rast zum Schmidt-Reihenhaus in Langenhorn.

Endlich ist Hamburg mal Nabel statt nur das Tor zur Welt: So kannte man das aus den Zeiten, als Schmidt noch Kanzler war.

Abends wird bei Schmidts gegessen und die Weltlage besprochen. Es gibt Blankeneser Rauchsalat (frisch geräucherter Aal, Lachs, Makrele, Steinbeißer), klare

Rinderkraftbrühe mit Hackklößchen, Roastbeef warm und zum Nachtisch Hamburger Rote Grütze.

Für ein paar Stunden blitzt bei Beobachtern der Gedanke auf, wie die Welt wohl aussähe, wenn Jerry noch Präsident und Helmut noch Kanzler wäre. »Besser«, würden die meisten nach zwei Jahren Kohl sagen. Der amtierende Kanzler hat gerade den amerikanischen Präsidenten Reagan genötigt, einen zweifelhaften Friedhof in Bitburg zu besuchen.

In Hamburg jedenfalls ist der Spuk nach drei Tagen vorbei. Die Staatsmann-WG wird aufgelöst. Deutschlands Hauptstadt heißt erneut Bonn statt Langenhorn, als heimliche Hauptstadt wird wieder München eingesetzt.

Und Kanzler ist wieder und noch sehr, sehr lange Dr. Helmut Kohl.

Als Helmut Schmidt einmal ...

... New York rettete

Sozialdemokraten sind nicht selten verkappte Anti-Amerikaner: Egon Bahr ist sowjetophil, und auch Herbert Wehner fährt lieber nach Moskau. Willy Brandt hat sich zwar zur Bundestagswahl 1961 als deutscher Kennedy inszenieren lassen, doch das passt gar nicht zu dem melancholischen Mann, der Beklemmungen kriegt, wenn er mal locker in JFK-Manier mit seinem Sohn rumtollen soll.

Anders Helmut Schmidt. Der Kanzler ist der überzeugteste Amerikaner außerhalb der Vereinigten Staaten. Und innerhalb der USA kann er es wohl auch mit fast allen aufnehmen.

In der Luftwaffen-Boeing auf dem Weg nach Washington lässt er schon mal einen amerikanischen Journalisten zu sich kommen, um kundzutun, dass er mehr Kongressabgeordnete, Senatoren, Wirtschafts- und Gewerkschaftsbosse kenne als dieser und wahrscheinlich jeder andere lebende Amerikaner. Und überhaupt: »Ich bin vierzig- oder einundvierzigmal in den Vereinigten Staaten gewesen«, sagt Schmidt und fügt – an einen Berater gewendet – hinzu: »Prüfen Sie das mal nach.«

1975 rettet der Kanzler sogar New York. Die Stadt am Hudson gilt als unregierbarer Moloch und steht kurz vor der Pleite. Schmidt muss ran.

Auf dem ersten Weltwirtschaftsgipfel in Frankreich nimmt er seinen Freund Gerald »Jerry« Ford zur Seite: Die amerikanische Bundesregierung müsse New York City dringend unter die Arme greifen. Denn der Untergang von NYC wäre eine Katastrophe: »Das würde eine globale Dollarkrise hervorrufen.« Und damit die bundesdeutsche Musterwirtschaft mit in den Strudel reißen. Jerry willigt ein. New York ist gerettet.

Seitdem, berichten Schmidt-Helfer, betrachte sich der Kanzler nicht nur als Retter Hamburgs vor der Sturmflut, sondern auch als Retter New Yorks. Und damit irgendwie der ganzen dollarabhängigen Welt.

Als Helmut Schmidt einmal ...

... in einen Hosenzwischenfall in Washington verwickelt wurde

Am 14. Juli 1977 gibt der deutsche Botschafter anlässlich des Kanzlerbesuches ein Diner in seinem Amtssitz in Washington. Serviert werden Artischocken, gefüllt mit Hummer. Walter Mondale, der Vizepräsident der Vereinigten Staaten, ist mit seiner Tochter Eleanor da, Helmut Schmidt ist mit Loki da. Die Damen tragen Abendkleid, die Herren Smoking.

Eleanor Mondale, 17, ist begeistert von den Deutschen und ihrer Residenz: »Sie haben Leute hier, die einem beim Hinsetzen den Stuhl zurechtrücken. Anders als im Weißen Haus.« Da war sie am Abend vorher.

Als alle sitzen, schleicht sich Eleanor zu ihrem Vater am Kopf des Tisches: »Papa, deine Hosen sind zu kurz. Ich bin schockiert.«

Das ruft auch Schmidt auf den Plan, der neben Mondale sitzt: »Könnte jemand denken, meine Hosen sind auch zu kurz?«, fragt der Kanzler die Mondale-Tochter.

»Nein, Ihre Hosen sind in Ordnung.«

Die bittere Wahrheit in der Hosenaffäre sieht anders aus. Ina Ginsburg, Muse Andy Warhols und Society-dame ersten Ranges, spricht sie aus: »Mondales Hosen enden in Knöchellänge. Schmidts Hosen bedecken die Schuhspitze.« Schmidt trägt zu lang. Viel zu lang.

Am nächsten Tag zieht die Hosenaffäre Kreise. Washington spricht nicht von gefüllten Artischocken und Weltniveau samt Stühlerücken in der deutschen Botschaft – die falschen Beinkleid-Längen sind das Thema.

Die *Washington Post* findet, es steht in Sachen Hosen eins zu eins. Zwar sei das ewige Zeichen amerikanischer Stilunsicherheit die zu kurze Hose – aber die deutschen Langhosenträger seien auch nicht besser: »Fritz, sag Uncle Sam nie wieder, seine Hosen seien zu kurz.«

ALS HELMUT SCHMIDT EINMAL ...

... an der Orgel fantasierte
und Loki einen Schwur sprach

Wahlkampf 1976. »Freiheit statt Sozialismus« plaka-
tiert die CDU. »Modell Deutschland« lässt die SPD
kleben.

Der Kanzler macht in Passau Station.

Passau ist erzkatholisch. Strauß-Country. Ein preu-
ßischer Hanseat hat hier nicht viel zu lachen. Anti-
Schmidt-Stimmung in der CSU-Hochburg.

Helmut Schmidt gilt als Melancholiker. Später wird
man seine Stimmungsschwankungen auf eine Über-
funktion der Schilddrüse zurückführen – aber ist es
nicht normal, dass ein musischer Mann in Hallen mit
grölenden Anhängern verzweifelt?

Gegen Mitternacht lässt sich der Kanzler zum Dom
fahren. Statt immer nur SPD-Anhänger und Sozi-
Hasser in Loden will er nun am Ende des Tages auch
mal etwas Schönes sehen: die größte Orgel Europas.

Als der gepanzerte Mercedes vorfährt, wird er vom Domorganisten Walter Schuster auf der Orgel mit einem Stück von Max Reger begrüßt. Der Kanzler selbst setzt sich nur kurz an das Instrument und fantasiert ein kleines Stück. Dann ist wieder Walter Schuster dran, der einen Choral aus dem 17. Jahrhundert schmettert:

>>Wer nur den lieben Gott lässt walten
und hoffet auf ihn allezeit,
den wird er wunderbar erhalten
in aller Not und Traurigkeit.<<

Als Walter Schuster geendet hat, sagt Loki Schmidt: >>Daran wollen wir uns auch halten.<<

ALS HELMUT SCHMIDT EINMAL ...

... aus der atomwaffenfreien Zone abtrat und Gnade walten ließ

Dezember 1985, Schule Bonhoefferstraße, Hamburg-Billstedt. Helmut Schmidt sitzt in der Pausenhalle und beglückwünscht Dr. Rolf Niese zu Großem: Der studierte Pädagoge wird Wahlkreiskandidat Hamburg-Bergedorf, den bisher Helmut Schmidt in Bonn vertrat. Zuletzt, bei den Wahlen am 6. März 1983, fuhr der Altkanzler ein Ergebnis von 55 Prozent ein.

Schmidts Interesse für Dr. Niese ist wahrscheinlich ebenso gering wie das für all die anderen studierten Lehrer in der Oberstudienratspartei SPD, die, seit er weg ist, seltsame Dinge tun. Zum Beispiel diskutieren, ob Hamburg zur atomwaffenfreien Zone erklärt werden soll, obwohl in der Hansestadt keine einzige Pershing steht. Nicht mal im Garten von Helmut Schmidt.

Der Altkanzler spielt lieber Klavier mit Justus Frantz, empfängt Gäste aus aller Welt in seinem Reihenhaus und nimmt die Ehrendoktorwürde der Freien und Hansestadt Hamburg entgegen, statt sich mit verrückten Sozis rumzuschlagen, die seine sozialdemokratische Partei zu einem Hort des Irrationalismus gemacht haben.

Sein Abtritt ist aus Sicht Schmidts eine Riesenchance für Kohl, Genscher und die Nachwuchskräfte der eigenen Partei, wie Jochen Vogel. Nein, deren einzige Chance. Er, Schmidt, trete ab, damit die nicht ganz im Bundestag untergehen, denn solange ein Schmidt da sei, würde sich keiner für sie interessieren. Schmidt richtet deshalb einen Appell an Schmidt: »Er sollte den heutigen Führern von Fraktion und Partei nicht die Publizität wegnehmen.«

Als Helmut Schmidt einmal ...

... Billy statt Willy aufbaute

Im Leben eines jeden Sozialdemokraten hat der Name Willy eine große Bedeutung. Auch für Helmut Schmidt. 1974, während der Guillaume-Affäre, wollte er zunächst, dass Brandt im Amt bleibt. Er versuchte den Kanzler aufzubauen.

Jetzt, im Spätsommer 1982 und im Spätherbst der sozialliberalen Koalition, wendet sich Schmidts Aufmerksamkeit von Willy ab und Billy zu. Jetzt will er Billy aufbauen, das Regal.

Schon länger heißt es, Schmidt würde sein Arbeitszimmer daheim in Langenhorn ausbauen. Er geht wohl selber davon aus, dass er bald aus dem Kanzlerbungalow ausziehen muss.

Mitte August. Ein Verkäufer von Ikea in Kaltenkirchen bei Hamburg sagt zu seiner Kollegin: »Das ist doch der Helmut.«

»Welcher Helmut?«, antwortet die Kollegin.

»Na, der Bundeskanzler.«

In der Tat: Helmut Schmidt steht mit Loki bei Ikea in der Büroabteilung.

Obwohl man sich bei Ikea genauso wie bei der Sozialdemokratischen Partei Deutschlands zu duzen pflegt, wird's nun doch offiziöser: Es kommt ja nicht so häufig vor, dass ein Bundeskanzler zwischen Pressspantisch »Lack«, Sessel »Poäng« und Sofa »Klippan« auftaucht.

Die Chefs müssen her: Göran Olsson und Peter Ehrenreich übernehmen persönlich die Beratung des Regierungschefs.

Am Ende verlässt Schmidt mit acht Billy-Regalen, Kiefer furniert, weiß, fünf breiten und drei schmaleren, das Möbelhaus.

Die Entscheidung für den Innenausbau in Langenhorn erweist sich als vorausschauend: Knapp zwei Monate später ist Helmut Schmidt nicht mehr Kanzler. Seitdem regiert er die Welt einfach aus seinem Arbeitszimmer vor den Billy-Regalen sitzend weiter.

ALS HELMUT SCHMIDT EINMAL …

… Kaffee ausschenkte

19. November 1989. Willy Brandt erlebt seinen drit-
ten Frühling. Er ist der Star der Wende, überall wo er
hinkommt, jubeln ihm DDR-Bürger zu. Für sie ist er
das Gesicht der Ostpolitik. Brandt philosophiert über
die »Winde des Wechsels« und ist natürlich in Berlin.
So wie alle, die Weltpolitik erleben wollen.

Aber auch in Hamburg, das eher im Windschatten
der Ereignisse liegt, stinkt es nach Trabi. Die Hamburger SPD sorgt sich um die klammen Ossis, die das
Begrüßungsgeld noch nicht oder schon nicht mehr
haben.

Vor der Parteizentrale in der Kurt-Schumacher-Al-
lee 10 wird ein Tisch aufgebaut und Kaffee für lau aus-
geschenkt. Die Trabi-Reisenden stoßen, statt wie in
Berlin auf den Weltpolitiker Willy Brandt, hier im
Norden auf die Hamburger SPD-Parteigrößen Traute
Müller, Günter Elste und Helmuth Frahm an, die

nicht ganz so bekannt sind. Der vierte Mann an der Kaffeefront sorgt für Entschädigung: Er trägt eine Mütze, ist bestens gelaunt und schenkt ebenfalls unermüdlich West-Kaffee aus – es ist Helmut Schmidt. Vielleicht will er sich ja revanchieren: 1981, beim Besuch in Güstrow, hatte ihm Erich Honecker ein Bonbon geschenkt.

Als Helmut Schmidt einmal ...

... in Israel für seinen Großvater gelobt wurde

Zu den Staatsmännern seiner Amtszeit, die Helmut Schmidt nicht ausstehen kann, gehört der israelische Premier Menachem Begin. Schmidt möchte zwar in guter sozialdemokratischer Entspannungsmanier mit allen gut Freund sein. Bei der Verbesserung der Beziehungen zu den arabischen Ländern hilft dann aber auch noch erheblich, dass bei denen etwas im Boden liegt, das in Barrel gemessen wird. Das kann Israel nicht bieten.

Schmidt will den Saudis Leopard-2-Panzer verkaufen – für die Israelis hat er vor allem seinen gefürchteten Schmidt-Exportschlager im Gepäck, mit dem er schon Jimmy Carter zermürbt hat: Belehrung.

Gerade als Angehöriger der geteilten deutschen Nation, die ja wohl ein Recht auf Selbstbestimmung habe, müsse man den Palästinensern dasselbe Recht zugestehen, verkündet Schmidt Richtung Israel.

Menachem Begin findet das gerade nicht und lässt verlauten: »Es ist nackte Arroganz und Frechheit, meiner Generation, der Generation der Vernichtung und der jüdischen Wiedergeburt, zu sagen, dass Deutschland eine Schuld gegenüber den Arabern hat.«

Daraufhin weigert sich Schmidt beharrlich, zum Staatsbesuch nach Israel zu reisen.

Loki hingegen hat keine Probleme mit Israel – schließlich hat sie in Jerusalem den »Europäischen Pflanzengarten« angelegt.

1985 kommt Schmidt doch ins Heilige Land – als Privatmann. »Ich bin ein privater Bürger, der etwas für seine politische Erziehung tut«, sagt Schmidt, um dann doch gleich zur ökonomischen Erziehung der anderen überzugehen. Bei einem Abendessen doziert er ausführlich über die schlechte Wirtschaftslage in Israel – und erntet Lob.

Gerade ist herausgekommen, dass Schmidt einen jüdischen Großvater hatte. Und weil man dort Humor besitzt, witzelt man in Israel über Schmidt: »Jetzt ist wenigstens klar, woher er seine Intelligenz hat.«

Als Helmut Schmidt einmal ...

... mit Ronny so weitermachen wollte, wie er mit Jerry und Jimmy aufgehört hatte

Helmut Schmidt ist es gewohnt, amerikanischen Präsidenten umfangreiche Vorträge über ordentliche Wirtschaftspolitik zu halten. Deren Probleme – Inflation, explodierende Staatsschulden, Außenhandelsdefizit, horrender Energieverbrauch – gibt's in Deutschland nicht. Denn Germany ist Schmidt-Country. Und da wird ordentliches »Crisis Management« betrieben, und zwar von »Schmidt the lip« persönlich.

Aber der Kanzler ist immer gern bereit zu erklären, wie's gemacht wird. Man muss halt Zeit mitbringen.

So hat er es mit seinem Freund Gerald »Jerry« Ford gehalten und erst recht mit Jimmy Carter, den Schmidt nicht nur für einen Laienprediger, sondern auch für einen Laienpolitiker hält.

Im November 1980 sitzt Schmidt ein neuer Mann gegenüber. Schmidt will mit Ronald Reagan einfach so weitermachen, wie er es liebt: Schmidt redet, Präsident hört zu.

Reagan ist noch gar nicht im Amt, sondern gewählter Präsident (»President-elect«), eigentlich regiert Carter noch. In dieser Zwischenphase empfängt der Neue normalerweise keine ausländischen Gäste. Doch Schmidt drängt.

Reagan willigt schließlich ein, Schmidt für ein verlängertes Händeschütteln zu treffen.

Zehn Minuten vergehen, zwanzig, die halbe Stunde ist voll.

Reagan denkt wahrscheinlich: Was will der von mir?

Nach fünfzig Minuten redet Schmidt noch immer auf Reagan ein, der zunehmend nervös wird, ab und zu nickt und Höflichkeitsfloskeln von sich gibt.

Zurück in Deutschland, ergreift Schmidt im Bundestag das Wort. Tenor: Mit dem neuen Mann hat er, Schmidt, speziell was die Rüstungskontrolle angeht, alles klargemacht.

Aus dem Reagan-Lager verlautet nur, die Rede »ginge ein bisschen weiter, als es der Inhalt des Gesprächs mit Reagan hergebe«.

Kurz danach, als Präsident, startet Reagan ein Aufrüstungsprogramm.

Als Helmut Schmidt einmal ...

... einen Friseur suchte und in einem Rockabilly-Laden landete

Hamburg ist Helmut-Schmidt-Stadt. Und eine Rockabilly-Hochburg. Rockabilly ist eine rohe Spielart des frühen Rock'n'Roll mit Country-Elementen. Manchmal finden beide, Rockabilly und Helmut Schmidt, zusammen. Und zwar exakt im Laden von Friseur Marcus Jürs.

Jürs hat tätowierte Arme und führt einen Friseursalon mit Bildern von Johnny Cash an der Wand. Hier holen sich die harten Rockabilly-Jungs ihre ausrasierten Nacken und ihre Tolle. Im Laden läuft Rock'n'Roll. Als Pappfigur ist der King immer anwesend.

Und alle vier Wochen kommt auch der Kanzler. Wenn mal wieder ein Maischberger-Interview oder sonstige Fernsehtermine anstehen, auch außer der Reihe, meistens in der Mittagspause. Das *Zeit*-Verlagsgebäude liegt in der Nähe.

Der Salon wurde 2004 eröffnet. Kurz danach kam Schmidt zum ersten Mal.

»Er setzt sich hin, raucht, liest Zeitung und erwartet, dass ich in zwanzig Minuten fertig bin«, sagt Jürs.

Der Laden kann noch so voll sein, wenn Schmidt kommt, herrscht Ruhe. Die harten Jungs, die eigentlich dran wären, lassen den Kanzler vor. »Nehmen Sie erst einmal Herrn Schmidt dran, wir warten.«

Schmidt lässt sich dann einen Fassonschnitt machen. Langes Deckhaar, kurze Konturen. Er kostet 15 Euro.

Als Helmut Schmidt einmal ...

... Max Frisch mit nach China nahm,
weil er so erholsam ist

China-Reise 1976. Mit im Regierungsflugzeug sitzt der Schweizer Schriftsteller Max Frisch und fragt sich, was er da eigentlich tut: »Warum ich eingeladen worden bin, ist nie ausdrücklich gesagt worden.«

Schmidt hat ihn gebeten, ihn auf dem Staatsbesuch zu begleiten, jedoch kaum mehr als zwei Worte mit ihm geredet.

1977 wird Max Frisch auch auf einem SPD-Parteitag sprechen. Vielleicht hat Schmidt einfach keine Lust mehr, den Sozis mal wieder selbst den Unterschied zwischen Rationalist und Technokrat, also zwischen ihm, Schmidt, und seinem Zerrbild, beizubiegen.

Frisch teilt mit Schmidt diese Abneigung gegen überbordende Utopien, wie sie bei der SPD-Linken immer noch zu Hause sind.

Jetzt, über dem Ararat-Gebirge in der Regierungs-Boeing auf der Rückreise von China, resümiert Frisch den Trip und meint, die Frage beantworten zu können, warum er dabei sein darf.

Vor dem China-Besuch hatte Schmidt seinen Reisegefährten Frisch ins Kanzleramt gebeten. Es war die erste Begegnung des Schriftstellers mit dem Kanzler.

Frisch: »Irgendetwas in jener Unterhaltung (35 Minuten) scheint für den Bundeskanzler erholsam gewesen zu sein; die Naivität meiner Fragen vermutlich.«

Womit klar wäre, was Max Frisch dem amerikanischen Präsidenten Jimmy Carter voraus hat: Dessen Naivität hat Helmut Schmidt nie als erholsam empfunden.

Als Helmut Schmidt einmal ...

... nur einer unter vielen war

Schmidt heißen viele. Helmut Schmidt auch. Aber wie viele Helmut Schmidts haben die Weltwirtschaft gerettet und permanent Franz Josef Strauß, den bayerischen Stammesführer, im Zaum gehalten? Da gibt's nur einen: Schmidt/Bergedorf.

Diese Mischung aus Allerweltsname und extraordinärer Weltklasse macht den Reiz des Namens aus: Deutschland ist Schmidt. Schmidt ist Deutschland. So denkt die Welt.

Da ist es kein Wunder, dass Schmidt gleich zusagt, als er eine besondere Einladung erhält: In Essen steigt am 1. September 1978 in der Grugahalle das »größte Schmidt-Treffen aller Zeiten«. Die Veranstalter haben 6000 Schmidts aus dem Ruhrgebiet eingeladen, halten sich allerdings nicht ganz an die reine Lehre: Auch Schmitts, Schmids und Schmieds sind zugelassen.

Der Kanzler steigt um 17.30 Uhr mit Hamburger Lotsenmütze angetan vor der Halle aus dem gepanzerten Mercedes und macht einen auf Durchschnitts-Schmidt: Erst schunkelt er mit Loki und dem Essener Oberbürgermeister Horst Katzor im Arm zum »Schmidt-Schunkel-Walzer«. Wippen zu populärem Liedgut ist dem Kanzler, der sonst eher Mozart zuneigt, im Nahkampf mit dem Volk nicht fremd: 1977 hat er auf dem Berliner Presseball bereits schmerzfrei mit Loki zum Hit »Schmidtchen Schleicher mit den elastischen Beinen« getanzt.

Dann schüttelt der Kanzler Hände und plaudert mit allen möglichen Schmidts, was den Sicherheitsbeamten den Angstschweiß auf die Stirn treibt.

Anschließend hält der Kanzler vor den 6000 versammelten Schmidts sogar noch eine Rede, die als einzige überlieferte Schmidt-Rede übers Schmidt-Sein gelten darf. Der Kanzler, der letztes Jahr die RAF und ein Jahr davor bei der Bundestagswahl knapp Helmut Kohl besiegt hat, vermutet, dass ein spezielles Schmidt-Gen für derartige Spitzenleistungen verantwortlich sein könnte: »Wir Schmidts haben Beispiele dafür gegeben, dass man harte Sachen nur mit harter Arbeit bewältigen kann.«

Auch kalauern kann der Kanzler, der sonst gern in Fachchinesisch referiert: »Jeder ist seines Glückes Schmidt, und man muss das Eisen schmidten, solange es heiß ist«, ruft er bestens gelaunt in die völlig überraschte Menge.

Bei einem speziellen »Helmut-und-Hannelore«-Empfang trifft Schmidt kurz darauf sogar auf 22 Hannelore und 24 Helmut Schmidts aus Essen, die zum Teil sogar miteinander verheiratet sind.

Die Schmidt-Sause bleibt eine einmalige Angelegenheit. Zwar hat es schon eine ähnliche Party zum Namen Naumann geben, aber mit großen Namen ist es erst mal vorbei.

Auf die Frage, ob nicht der Name des anderen großen Helmut für ein Treffen infrage käme, antwortet das Repräsentationsamt, dass man nicht in den Kategorien des Parteienproporzes denke. Und außerdem: »So viele Kohls gibt's in Essen nicht.«

Der Pott bleibt Schmidt-Country.

Als Helmut Schmidt einmal ...

... fast der Rüsselkäfer zu Hilfe kam

1978. Der Kanzler residiert inzwischen zwei Jahre im neuen Kanzleramt. Der Groll des Regierungschefs über ästhetische Zumutungen des Gebäudekomplexes ist immer noch nicht abgeklungen. Im Gegenteil: Schmidt ist schwer genervt von der Kopfsteinpflaster-Wüste, die sich vor seinem Amtssitz ausbreitet. Er fühle sich an einen Exerzierplatz erinnert, sagt Schmidt.

Der anglophile Kanzler will deshalb für 80 000 Mark englischen Rasen verlegen lassen. Doch da ist der Haushaltstitel vor. Unter Budget-Kennziffer 81301 sind 100 000 Mark für die »künstlerische Ausgestaltung des Bundeskanzleramtes« vorgesehen. Doch ist ein neuer Rasen »eine künstlerische Ausgestaltung«? Gartenbaukunst-Fans wie Ludwig XV., der Erbauer von Versailles, oder Joseph der I., der Erbauer von Schönbrunn, hätten da keine Zweifel gehabt. Aber die hatten auch nicht, wie Schmidt, den Bund der Steuerzahler im Nacken, der mäkelt, eine Rasenverlegung sei höchstens eine »gärtnerische Ausgestaltung« und keine künstlerische.

Zunächst sieht es so aus, als würde dem Kanzler eine italienische Hilfsbrigade die Lösung des Problems abnehmen: Mit der aus dem Süden importierten Taxus-Hecke, die bisher im Garten steht, ist auch der sogenannte Rüsselkäfer eingeschleppt worden. Der frisst sich nun durch das Grünwerk. Die Kanzlergärtner stehen der Plage ratlos vis-à-vis. Auch Loki, immerhin gelernte Botanikerin, ist machtlos. Wäre da nicht eine Radikallösung – Hecke weg, Rasen als Ersatz her – das Beste? Doch so weit kommt es nicht. Nicht der fressende Rüsselkäfer, sondern die bildende Kunst verschafft dem Kanzler schließlich sein Grün im Hof.

Ein Schmidt-Beamter hat die Lösung, wie die gärtnerische und künstlerische Ausgestaltung unter besonderer Berücksichtigung des Bundes der Steuerzahler doch noch versöhnt werden können: »Was, wenn auf dem Rasen eine Plastik steht?«, fragt der clevere Mann verschmitzt.

Ein Jahr später werden im Hof des Kanzleramtes die Plastiken »Two Large Forms« des englischen Künstlers Henry Moore aufgestellt. Auf englischem Rasen. Der Hausherr ist zufrieden. Denn die Staatsgäste sollen nicht glauben, das Land sei so öd wie seine Regierungszentrale: »Das ist für die dann Deutschland, mehr kriegen sie ja meist nicht zu sehen.«

Als Helmut Schmidt einmal ...

... Schülerhilfe erhielt

Für den Chef des Bundeskanzleramtes gehört es sich, dass man wenig von ihm hört. Er soll das Regieren des Kanzlers zu einer reibungslosen Angelegenheit machen, dabei aber selber kaum in Erscheinung treten.

Demokratie ist ja ein mühsamer Prozess: Beteiligt ist nicht nur das Volk, was die Sache ohnehin schon erheblich erschwert, beteiligt sind auch die Regierungsfraktionen und ein Beamtenapparat im Kanzleramt.

Man braucht also einen Macht-Manager. Und mit denen hat die Bundesrepublik nicht immer Glück gehabt.

Hans Globke, Adenauers Kanzleramtsminister von 1953 bis 1963, war ein sogenannter »furchtbarer Jurist« – er schrieb an den Rassengesetzen der Nazis mit.

Professor Horst Ehmke war ein furchtbarer Chaot: Brandts Kanzleramtsmanager galt als Typ, der hervorragend Probleme löste – vornehmlich die, die er selbst geschaffen hatte. Dazu gehörte beispielsweise ein verrücktes Computersystem, mit dem er die Regierungsarbeit koordinieren wollte.

Kohls erster Kanzleramtsminister Waldemar Schreckenberger ging als »Schrecki« in die Geschichte ein. Viel mehr ist nicht bekannt.

Helmut Schmidt hat sich Manfred Schüler für den Posten ausgesucht.

Der Verwaltungsfachmann tut, wie ihm geheißen, und hält dem Kanzler Ärger vom Hals. Und manchmal auch Männer mit Knopf im Ohr und ausgebeulter Anzugjacke:

Im Juli 1975 rückt der amerikanische Präsident Ford mit zwei eigenen Limousinen, zwei Hubschraubern und 24-köpfiger Leibgarde in Bonn zu Besuch an. Die Amerikaner sind es gewohnt, dass die Männer des Secret Service für die Zeit des Besuches im Gastland das Sagen haben – schließlich ist der Präsident der mächtigste Mann der Welt.

Für Schmidt ist Gerald Ford aber einfach nur der »Jerry«, und er denkt sich: Unter Freunden kann es auch mal informeller zugehen. Der Kanzler findet auch sonst nicht, dass ein deutscher Regierungschef vor den Amis den Diener machen müsste. Schon gar nicht, wenn er Schmidt heißt. So kommt es zum Zusammenprall der Machtapparate und zu einer für Schmidt neuen Erkenntnis: Amerika ist der Chef.

Selbst im Allerheiligsten der Schmidt'schen Staatskunst.

Zwar hat schon die deutsche Polizei im Rhein, unter
Gullys und hinter Bäumen nach Bomben gesucht und
falsch geparkte Autos abgeschleppt – aber die Amerikaner suchen nach ihrer Ankunft einfach weiter. Und
zwar ausgerechnet da, wo Gerald Ford, den Helmut
Schmidt als engen Freund betrachtet, wahrscheinlich
am sichersten ist: Manfred Schüler erwischt die Männer des Secret Service im Kanzlerzimmer, als sie sich
an Schmidts Schreibtisch zu schaffen machen, offensichtlich auf der Suche nach Bomben.

Schmidts Ausputzer wirft die Männer kurzerhand
hinaus. Manchmal ist auch der mächtigste Mann
Deutschlands auf die Schülerhilfe angewiesen.

ALS HELMUT SCHMIDT EINMAL ...

... unterging und
von Schmidt gerettet wurde

Seit 1958 ist Helmut Schmidt Besitzer eines Hauses am schleswig-holsteinischen Brahmsee. Und dort fährt er seitdem mit hanseatischer Disziplin zum Zwecke der Erholung vom Weltenlenken hin.

Schmidt wohnt im Ort Langwedel (1071 Einwohner) und ist umgeben von Schmidts: Regelmäßig nimmt er in den frühen Jahren am Aal-Essen von Fischer Schmidt im »Dörpskrug« teil. Auch in Bernhard Schmidts »Fischpinte« wird der Kanzler zuweilen gesehen.

Doch was einst als Wochenendvergnügen begann, ist inzwischen eine Staatsaffäre: Was ein junger Bundestagsabgeordneter namens Schmidt am Brahmsee treibt, ist eine Sache. Was ein Mann, der erst zum Verteidigungsminister, dann zum Superminister und jetzt sogar zum Superkanzler aufgestiegen ist – und der das Land als Lotse mit eiserner Hand durch »schwere Gewässer« (Schmidt) steuert –, am Wochenende an dem lieblichen See so macht, ist eine andere. Denn nun kommt Schmidt nicht nur mit Loki, sondern mit der »Sicherungsgruppe Bonn«, seinen Leibwächtern vom BKA, zum Baden und Bootfahren.

Vor allem 1977 ist man vor Ort nervös – muss man doch im Schmidt-Ferienort nicht nur befürchten, dass Paparazzi zum Kanzlerabschießen anrücken, sondern auch die RAF.

Alles, was im Ort geschieht, wird zur Meldung, beobachtet von der Presse: Ist der Kanzler sicher? Macht er Blödsinn?

Den macht er auf jeden Fall. Als Helmut Schmidt als »Säger vom Brahmsee«, wie er sich selbst tituliert, zur Gartenarbeit schreitet, wird das in der Presse ausführlich kommentiert: »Holt er hier im Urlaub und an der wehrlosen Natur nach, was ihm in Partei und Regierung versagt ist? Oder übt er nur für bevorstehende Radikalkuren?«, fragt sich die *Schleswig-Holsteinische Landeszeitung*.

Der Kanzler antwortet im Leserbrief: Er habe nur seinen morschen Bootssteg zerlegt.

Im Juli 1977 passiert etwas noch viel Dramatischeres: Der Kanzler fällt bei der Ausfahrt mit seiner Jolle ins Wasser, als diese kentert. Ein Fischer eilt in seinem Kutter zu dem Havarierten und richtet die Jolle auf. Schmidt setzt sich nass wieder hinein und schippert nach Hause.

Der Fischer heißt Bernhard Schmidt und ist Mitglied des SPD-Ortsvereins.

Später erhält der Fischer einen Brief aus dem CSU-regierten Bayern. Segler vom Starnberger See bieten dem Schmidt-Retter Schnaps, wenn er den Kanzler das nächste Mal »absaufen lasse«. Denn: »Es dürfte doch klar sein«, dass man »einen so schlechten Steuermann (Segler) nicht länger als Bundeskanzler« gebrauchen könne. Und weiter: »Es ist dann wahrscheinlich, dass wir uns in Wirklichkeit alsbald keinen Schnaps mehr leisten können.«

Die plattdeutsche Antwort des Schmidt-Abschleppers ist eindeutig: »Klei mi an Mors.«

Nicht des Plattdeutschen Mächtige verwenden an dieser Stelle das Kürzel »L.M.A.A.«.

Als Helmut Schmidt einmal ...

... Jimmy Carter den Kölner U-Bahn-Fahrplan vorlesen wollte

Man kann nicht sagen, dass der Kanzler etwas gegen Musik hat. Man kann aber sagen, dass der Kanzler etwas gegen Jimmy Carter hat. Aber am schlimmsten ist es, wenn Jimmy Carter und Musik zusammen in Erscheinung treten.

Es ist nun einmal so, dass die zwei wichtigsten Männer der westlichen Welt zuweilen Dinge zu besprechen haben – zum Beispiel, was die Russen so vorhaben, was man dagegen tun kann und wie die Weltwirtschaftskrise in den Griff zu bekommen ist.

In solchen Fällen greift Helmut Schmidt zum Telefon. Und was er dann hört, wenn Jimmy Carter drüben rangeht, nährt nicht nur in ihm Zweifel an der Weltmacht USA.

Denn deren Anführer lässt sich dann nicht nur vom Kanzler beschallen, er hört nebenbei auch noch seine Plattensammlung durch.

Schmidt: »Der dreht noch nicht mal den Ton leiser, wenn man ihn anruft. Und bei all den schmetternden Trompeten und Violinen versteht man kein Wort von dem, was er sagt.«

Das lässt im Kanzler einen raffinierten Plan reifen. Bei einem der nächsten Gespräche plane er, statt seines üblichen Krisen-Referats den Fahrplan der Kölner U-Bahn vorzutragen, denn: »Es ist sinnlos, mit ihm zu reden. Er hört sowieso nicht zu.«

Als Helmut Schmidt einmal ...

... sein eigenes Richtfest schwänzte

In den Siebzigerjahren sind Sozialdemokraten gefürchtete Bauherren: Damit der von ihnen geförderte Facharbeiter sich weiterbildet, dabei aber nie im Dunkeln sitzt, stellen die Sozis das Land mit Gesamtschulen, Universitätsneubauten und Atomkraftwerken voll. Die sind vor allem zweckmäßig, treiben aber ansonsten nur der beton- und stahlverarbeitenden Industrie Freudentränen in die Augen. Für Ästheten ist das nichts.

Vielleicht ist das rein Funktionale der Bauten ja den Ursprüngen der Sozialdemokratie geschuldet: Wer höheren Werten wie Gerechtigkeit verpflichtet ist, dem ist zu viel Schmuck am Bau verdächtig.

Manchmal wird es aber auch Sozialdemokraten zu viel. Wenn sie nämlich selber in ihre eigenen Gebäude einziehen sollen.

Als am 15. Oktober 1974 der Polier Rainer Schnidewind den Richtspruch »Gottlob, jetzt steht zu unserer Freude aufgerichtet das Gebäude ...« für das neue Kanzleramt in die Menge ruft, fehlt nur einer: der neue Hausherr.

Helmut Schmidt hat es vorgezogen, zu Konsultationen in die SPD-Fraktion zu fahren. Und das will was heißen. Sein Kanzleramtsminister Manfred Schüler lässt bei Lüttjer Lage (Bier und Korn) vor den 800 Gästen verlauten, dass der Kanzler, der einmal Architekt werden wollte, »an der Konzeption der Planung und Bauausführung des Kanzleramtes notwendigerweise nur einen geringen Anteil« nehmen konnte.

Schmidt wäre gern im bisherigen Regierungssitz, dem einem barocken Lustschloss nachempfundenen Palais Schaumburg, geblieben. Die neue Regierungszentrale mit ihrer kupferfarbenen Metallhaut sieht hingegen so ähnlich aus wie ein damaliges Westberliner Uni-Gebäude, das den Spitznamen »Rostlaube« trägt.

Dabei hat das Gebäude Vorteile. Während im Bonner Regierungsapparat Sachbearbeiter Anspruch auf Büros von zwölf Quadratmetern haben, Referenten 24 und Abteilungsleiter 36 Quadratmeter belegen dürfen, bekommen im neuen Kanzleramt alle einheitlich 22 Quadratmeter. Nur Staatssekretäre dürfen mehr beanspruchen – 55 Quadratmeter. Und natürlich der Kanzler: Er bekommt 100 Quadratmeter.

Architekturkritiker sind von dem Gebäude nicht begeistert, einer bezeichnet es als »lieblos und monoton«. Das 105-Millionen-Ding habe den »Charme einer rheinischen Sparkasse«, ist der härteste Spruch, den die Planer sich anhören müssen. Und: »Ich verabscheue den pompösen Stil rheinischer Generaldirektoren.«

Geäußert hat die radikale Architekturkritik ein den schönen Künsten zugetaner Mann.

Er heißt Helmut Schmidt.

Als Helmut Schmidt einmal ...

... einfach nicht mehr austreten konnte

Deutschland ist das Land des Vereinswesens, und nirgendwo ist die Vereinsdichte größer. Deutschland hat die größte Gewerkschaft der Welt, ver.di., und mit dem ADAC den zweitgrößten Automobilclub der Welt.

Es scheint, als sei der Deutsche nicht gern allein und suche sein Glück im Kollektiv. Er organisiert gern. Nicht zuletzt sich selbst – im Verein. Und der absolute König des Vereinswesens ist Helmut Schmidt. Bereits 1978 gehört der Kanzler 14 Vereinen an. Einmal Mitglied, kann er einfach nicht mehr austreten. Schmidt ist ein Meier. Ein Vereinsmeier.

In Hamburg führen den Kanzler der Übersee Club e.V., die Gesellschaft der Freunde und Förderer der Hochschule für Wirtschaft und Politik e. V. und die Gesellschaft für christlich- jüdische Zusammenarbeit e. V. in ihren Mitgliederdateien.

Der Landesverband Hamburg der Arbeiterwohlfahrt ist jeden Monat glücklich, dass Schmidt nicht den Mindestbeitrag von zwei, sondern den Höchst-obolus von 20 Mark entrichtet.

Im hanseatischen Landesverband der Reservisten in der Bundeswehr ist Schmidt gelistet, der Verband der Heimkehrer in Hamburg freut sich über immer-hin 42 Mark Monatsbeitrag des Regierungschefs und Kriegsteilnehmers.

In Bonn fühlt sich Schmidt, der natürlich auch Mitglied der Busfahrer-Gewerkschaft ÖTV ist, der Deutschen Atlantischen Gesellschaft, der Gesellschaft für auswärtige Politik und der Deutsch-Israelischen Gesellschaft verbunden – obwohl der Kanzler den is-raelischen Premier Menachem Begin nicht ausstehen kann.

Schmidt, der in Langenhorn wohnt, will sich auch, was den dortigen Heimatverein angeht, nicht lumpen lassen. Dazu kommt noch eine Fördermitgliedschaft in der örtlichen Vereinigung Jugendheim.

Im Bilderberg-Kreis hingegen sind keine verhaltens-auffälligen Jugendlichen organisiert, sondern eher un-auffällige Herren mit viel Einfluss. Hier trifft Schmidt gern David Rockefeller, Prinz Bernhard der Niederlan-de oder Otto Wolff von Amerongen.

Und dann ist Schmidt noch Mitglied in einem an-deren Verein: Seit März 1946 führt er Beiträge an die Sozialdemokratische Partei Deutschlands ab, einst hervorgegangen aus dem Allgemeinen deutschen Arbeiterverein. Da Schmidt mehr als 10 000 Mark netto im Jahr verdient, kostet ihn das 250 Mark im Monat. Mit den 12 000 Mark, die er jedes Jahr der SPD-Fraktion spendet, kommen so 15 000 Mark Vereinsbeiträge jährlich allein für die Sozis zusammen.

Nicht der schlechteste Liebesbeweis für einen, dem man nachsagt, er sei »in der falschen Partei«.

Als Helmut Schmidt einmal ...

... Luxemburg regieren wollte

Das Großherzogtum Luxemburg ist eines von acht Ländern, die an die Bundesrepublik grenzen. Die DDR wäre eigentlich das neunte, zählt aber nicht. Die »Zone« ist irgendwie zwar ein Staat, aber keine Nation. Das denkt man selbst in der Ostvertrags-seligen SPD, bis man peinlicherweise 1988 zum beinahe allerfalschesten Zeitpunkt seine Meinung ändert.

Luxemburg hingegen ist zwar klein, aber auf jeden Fall eine Nation. Und wie alle anderen acht Nachbarländer wurde es im Zweiten Weltkrieg von den Deutschen überfallen. Doch wenn man im Jahr 1979 von der Bundesrepublik Deutschland aus hinfährt, dann in ausschließlich friedlicher Absicht.

Im Mai 1979 schaut auch Bundeskanzler Schmidt mal beim kleinsten Nachbarn vorbei. Das ist man dem Mini-Land schuldig. Schließlich ist das Großherzogtum das »Lux« in dem Kürzel »Benelux«, mit dem die Deutschen die Kleinstaaterei nordwestlich von ihnen zusammenzufassen pflegen. Außerdem ist es Gründungsmitglied der Europäischen Wirtschaftsgemeinschaft (EWG) beziehungsweise von deren Vorläuferin, der Montanunion.

Regiert wird Luxemburg seit 1974 von Gaston Thorn als Premierminister, der darüber hinaus schon seit 1969 Sport- und Außen- und seit 1977 auch Wirtschaftsminister ist.

Als der Kanzler im Mai 1979 kommt, vereint Thorn in seiner Person eine Machtfülle, von der Helmut Schmidt nur träumen kann. Auch er war mal Superminister – Wirtschaft und Finanzen –, das war aber alles andere als super. Da hatte er nur die Öl- und Weltwirtschaftskrise am Hals.

Jetzt ist er Bundeskanzler eines komplizierten föderalen Staates und muss bei den meisten seiner Vorhaben erst Helmut Kohl fragen, der mit der CDU den Bundesrat beherrscht.

Zurück in Bonn, schwärmt der Kanzler gegenüber seinem Wirtschaftsminister Otto Graf Lambsdorff von den luxemburgischen Verhältnissen: »Das ist ein sympathisches Land, da würde ich gerne Regierungschef sein.« Lambsdorff, wohl um seinen Job besorgt, erwidert: »Das glaube ich Ihnen, da wären Sie nicht nur Regierungschef, sondern auch noch Außen- und Wirtschaftsminister. Dann könnten Sie alles ganz alleine machen.«

Für kurze Zeit geht der Traum von der Ämterhäufung später sogar in Erfüllung. Am 17. September 1982 schmeißt der Kanzler die FDP-Minister aus dem Kabinett. Für 26 Tage, bis zum 1. Oktober 1982, ist Schmidt Bundeskanzler und Außenminister in Personalunion.

Als Helmut Schmidt einmal ...

... wegen Hans-Dietrich Genscher
die Stühle wegräumte

Wenn Helmut Schmidt im Kanzleramt Besuch bekommt, kann man davon ausgehen, dass dem Gast eine halbwegs höfliche Behandlung zuteil wird, denn Politik, das ist immer noch eine Sache bürgerlicher Umgangsformen. Klar, es gibt Herbert Wehner, der im Bundestag wegen seiner Ausbrüche den Rekord an Rügen hält. Der Mann, der andere, wie den Parlamentspräsidenten Richard Stücklen, ganz so wie in der Sponti-Kneipe einfach »Arschloch« nennt, der spätere Riesenstaatsmann Joschka Fischer, kommt erst noch ins Parlament.

Helmut Schmidt hat andere Möglichkeiten, dasselbe mitzuteilen wie Fischer, aber dabei andere Ausdrucksformen zu verwenden.

Im September 1982 gibt es vor allem einen, zu dem Schmidt gern dasselbe sagen würde wie später Fischer zu Stücklen. Dieser Mann ist gerade dabei, die sozialliberale Koalition aufzukündigen und Helmut Kohl zum Kanzler zu machen.

Als Hans-Dietrich Genscher Schmidt sein Kommen ankündigt, um zusammen mit der FDP-Frau Hilde-gard Hamm-Brücher seinen Abschiedsbesuch beim Kanzler zu machen, gibt der klare Anweisungen, wie mit dem Gast und speziell dem Empfangsraum zu ver-fahren sei: »Die Stühle werden rausgenommen, damit sich erst gar keiner hinsetzt. Ein Glas Wein, keine Fo-tografen. Mit Genscher muss ich mich wirklich nicht noch mal ablichten lassen.« Der kommt dann aber doch nicht.

Als Helmut Schmidt einmal ...

... für sein volles Haar gelobt wurde

Der Regierungswechsel 1982 soll ja die sogenannte geistig-moralische Wende bringen. Von der obskuren Sache hört man nie wieder etwas. Dafür hat der Kanzlerwechsel für viele Menschen ganz konkrete Auswirkungen.

Auf die Frage, ob die Tolle des ehemaligen Kanzlers eine besondere Herausforderung sei, antwortet Saloninhaber Willi Münch: »Nein, gar nicht. Überhaupt nicht. Der Helmut Schmidt, der hat ein einmaliges Haar. Das ist überhaupt keine Kunst, den zu frisieren. Und glauben Sie, mancher Politiker wünschte sich, er hätte dieses Haar von dem Helmut Schmidt.«

27. Oktober 1982. Knapp zwei Monate nach dem Regierungswechsel. Auf dem Kopf der neuen Herren von Bonn ist nicht viel los. Helmut Kohl: überkämmte Glatze. Verteidigungsminister Manfred Wörner: Platte. Norbert Blüm: Platte mit Restlöckchen. Von den neuen Ministern kann nur Gerhard Stoltenberg

einigermaßen mithalten mit dem, der als unangefoch-
tener Frisurenkönig des Salons Münch im Bonner
Regierungsviertel gelten darf, wo sich fast alle Politiker
die Haare schneiden lassen.

Nein, eigentlich hat Helmut Schmidt in Bonn nur
einen ernsthaften Konkurrenten, was Hanseatentum
und Frisierbarkeit angeht: Walther Leisler Kiep. Ansonsten: überall nur totaler Ausfall.

Als Helmut Schmidt einmal ...

... ausnahmsweise nicht sagen wollte,
dass er alles richtig gemacht habe

Meistens sitzen die Bundestagsabgeordneten im Plenum und lesen Zeitung: Abgeordnete langweilen sich ja immer dann, wenn ihresgleichen, Frauen und Männer wie wir, sogenannte Volksvertreter, reden. Also fast immer.

Weder das Wort Volk noch das Wort Vertreter hat ja wirklich einen guten Klang.

Ab und zu aber tritt ein Mann ans Pult, räuspert sich, steckt die eine Hand in die Hosentasche, holt sie wieder heraus und doziert, während er mit dem Zeigefinger Löcher in die Bundestagsluft sticht. Dann ist Regierungserklärung, und der Bundeskanzler der Bundesrepublik Deutschland, Helmut Schmidt, gibt den Abgeordneten die Ehre seines Wortes. Die Zeitungen werden weggelegt, Stille tritt ein. Weltpolitik, die schon gemacht wurde, wird erklärt, Weltpolitik, die noch kommen wird, angekündigt.

Und das macht Schmidt gern: 22-mal zwischen Mai 1974 und Oktober 1978 ergreift er im Bundestag das Wort. Das ist zum damaligen Zeitpunkt Rekord: Konrad Adenauer schaffte in 14 Jahren 39 Regierungserklärungen, also 2,7 pro Jahr. Ludwig Erhard erklärte sich in drei Jahren achtmal – 2,6-mal pro Jahr. Kiesinger trat in knapp drei Jahren immerhin elfmal (Jahresschnitt: 3,6) zur großen Rede an, und Willy Brandt brachte es in viereinhalb Jahren – die hat Helmut Schmidt da schon hinter sich – auf nur 17 Regierungserklärungen (Schnitt: 3,7).

Einmal, als die Zeiten am schlimmsten sind, gelingt es Helmut Schmidt mit einem seiner Auftritte, den Bundestag in ein philosophisches Seminar über die *conditio humana* zu verwandeln.

Am 20. Oktober 1977 – Hanns Martin Schleyer ist zwei Tage zuvor tot aufgefunden worden, der Deutsche Herbst ist vorbei – sagt Helmut Schmidt im Bundestag erschütternde Sätze, die zum Besten gehören, was je im Plenum zum Thema »Politik als Beruf« (Max Weber) gesagt worden ist:

»Wer aber weiß, dass er so oder so, trotz allen Bemühens, mit Versäumnis und Schuld belastet sein wird, wie immer er handelt, der wird von sich selbst nicht sagen wollen, er habe alles getan, und alles sei richtig gewesen. Er wird nicht versuchen, Schuld und Versäumnis den anderen zuzuschieben; denn er weiß: Die anderen stehen vor der gleichen unausweichlichen Verstrickung.«

Als Helmut Schmidt einmal ...

... doch lieber ausgewichen wäre

Der 29. Oktober 1972 ist kein guter Tag für Deutschland. Das Wetter ist trübe. Die drei überlebenden Terroristen des Olympia-Massakers von München werden nach der Entführung der Lufthansa-Maschine *Kiel* ohne viel Aufhebens freigepresst und steigen in München-Riem auf Nimmerwiedersehen in ein Flugzeug.

Und in Hamburg-Winterhude steigt der Kaufmann Günter M. (45) in seinen BMW 2800, um in Richtung Schnelsen zu fahren. Als er die Kreuzung Heidlohstraße/Holsteiner Chaussee erreicht, fährt er einfach weiter, ohne auf die Vorfahrt zu achten. Auf der Holsteiner Chaussee ist ein Konvoi aus zwei schweren Mercedes-Limousinen unterwegs. Die erste kann dem verbotenerweise auf der Kreuzung befindlichen Wagen nicht mehr ausweichen und erwischt den BMW am Heck. Der Mercedes gerät ins Schleudern, prallt gegen einen Laternenmast und wird seinerseits von dem nachfolgenden Daimler am Heck erwischt.

Im ersten Mercedes sitzt der Superminister für Wirtschaft und Finanzen, Helmut Schmidt, mit Ehefrau Loki, im zweiten folgen Beamte der Sicherungsgruppe Bonn, die Bewacher Schmidts. Schmidt kommt von einer Wahlveranstaltung in einem nahe gelegenen Gymnasium.

Durch die Wucht des Aufpralls wird Loki auf dem Rücksitz eingeklemmt. Helmut Schmidt, soeben noch als Wahlhelfer für Willy Brandt in Aktion (im November sind Bundestagswahlen), hat nur noch einen Gedanken: »Wie kriege ich meine Frau hier raus?«

Schließlich gelingt es einem Sicherheitsbeamten, Schmidts Ehefrau zu befreien, aus deren Mund später die einzige positive Meldung des Tages kommt: »Mein Mann und ich haben nur ein paar blaue Flecken.«

Als Helmut Schmidt einmal ...

... nicht aufhören konnte zu suchen

Am 7. Dezember 1978 läuft ein Schiff von Bremerhaven aus. Es ist die 261 Meter lange *München*, ein sogenanntes LASH-Schiff. LASH steht für Lighter Aboard Ship, eine spezielle Form des Transports, bei der ein Trägerschiff im Transatlantik-Linienverkehr schwimmfähige Container aufnimmt, die später auf Binnenwasserstraßen als Schubverband transportiert werden.

Die *München* sei so »stabil wie ein Panzerkreuzer«, sagt ein erfahrener Seeoffizier.

Das Schiff ist auf dem Weg nach Savannah/Georgia, USA. Es ist die 62. Passage auf dieser Strecke. Nie ist etwas Gravierendes passiert. Das Kommando an Bord führt Johann Dänekamp, zur Besatzung zählen weitere 27 Männer und Frauen.

Über dem Nordatlantik hat sich im Dezember 1978 ein Sturm zusammengebraut. Britische Meteorologen sprechen zunächst vom »Monstrum des Monats«, schließlich vom »Sturm des Jahrhunderts«.

Am 12. Dezember 1978, kurz nach Mitternacht, befindet sich die *München* 400 Seemeilen nördlich der Azoren. Um 3.10 Uhr empfängt der Funkoffizier des griechischen Frachters *Marion* ein »SOS« der *München*. Um 4.30 Uhr übernimmt die britische Küstenwache in Land's End die Rettungsleitung. Die größte Suchaktion der Geschichte beginnt; an ihr beteiligt sind 13 Schiffe und 110 Flugzeuge, darunter Fernaufklärer vom deutschen Marinefliegergeschwader »Graf Spee« und mehrere deutsche Transall-Maschinen. Die Crews finden drei Leichter, leere Rettungsinseln, ein leeres Rettungsboot und eine Rettungsbarke.

Am 20. Dezember 1978 wird die internationale Suche ausgesetzt. Nur die Deutschen suchen, unterstützt von Briten und Amerikanern, mit neun Flugzeugen und mehreren Schiffen zwei Tage weiter. Die persönliche Anweisung dazu stammt von einem, der weiß, was ein Sturm ist: Bundeskanzler Helmut Schmidt.

Die *München* taucht nie wieder auf.

Als Helmut Schmidt einmal ...

... von Wehner angequatscht wurde

Wenn Helmut Schmidt eines nicht abkann, dann Menschen, die genauso viel reden wie er. Menschen, die anzweifeln, dass nur einer recht hat, nämlich Schmidt. Und Menschen, die statt den kleinen Mann auf der Straße Theorien vertreten, die Abkürzungen wie Stamokap –»staatsmonopolistischer Kapitalismus« – hervorbringen, aber nicht wissen, wo das Geld herkommen soll, das sie ständig ausgeben wollen.

Auf die »Jusos«, die Jungsozialisten in der SPD, trifft all dies zu. Früher eine zahme Jugendorganisation, sind seit Ende der Sechzigerjahre Akademiker und Studenten in diese Unterorganisation der Partei geströmt und sorgen seitdem für ziemlich verkopfte Manifeste. In denen schon mal steht, die gute alte SPD trüge dazu bei, »die Wiederherstellung der kapitalistischen Klassengesellschaft in der Bundesrepublik gegenüber den abhängig Beschäftigten zu verschleiern und diese mit ihr auszusöhnen«.

Mit anderen Worten: Die SPD ist für die Jungsozis nicht etwa das kleinere Übel, wie für viele bundesdeutsche Linksliberale, sondern das größere – die kommunistische These von den »Sozialfaschisten« lässt grüßen.

Die eigene Partei in dieser Weise als »Verschleierer« des fiesen Kapitalismus quasi noch schlimmer zu finden als alle anderen Parteien – das ist ungewöhnlich für eine Jugendorganisation.

Das seien »halb fertige Akademiker« mit »elitärer Arroganz«. Findet jedenfalls Helmut Schmidt. Und findet gleichzeitig, dass andere das auch finden könnten. Zum Beispiel Wehner oder Brandt. Aber da liegt er falsch.

Letzterer fühlt sich bei den jungen Radikalinskis irgendwie an seine eigene, ebenfalls linkssozialistische Jugend erinnert und neigt ohnehin nicht zu harten Worten. Und Wehner? Der erscheint im Dezember 1970 sogar auf einem Juso-Bundeskongress und heult sich ausgerechnet bei den Schmidt-Hassern über den Verteidigungsminister aus, statt ihn zu verteidigen.

Wehner, so muss das dem SPD-Nachwuchs nach dem Auftritt erscheinen, ist der Jesus Christus der SPD. Er erweist der Partei den schwersten Dienst: Er kommuniziert mit Helmut Schmidt. »Ja, das tue ich, ich verzeihe manche Sachen nicht, aber ich rede mit ihm. Das ist sehr schwer, sehr schwer.«

Als Helmut Schmidt einmal ...

... in Amerika fast an einen Baum pinkelte

Helmut Schmidt ist ein großer Freund Amerikas. Jedenfalls so lange, wie die dort herrschenden Männer seine Referate über gute Wirtschaftspolitik unter besonderer Berücksichtigung von Inflationsbekämpfung und Sparquote ausreichend goutieren.

Jimmy Carter gehört nicht dazu. Denn der predigerhafte Mann aus Georgia hat sich ein ehrgeiziges Ziel gesetzt: Er will der Welt den Frieden bringen. Solche Leute kennt Schmidt aus der eigenen Partei zur Genüge. Ihm reicht es schon, Krieg zu verhindern, und ansonsten Krisen halbwegs zu managen. Jegliche idealistische, aus seiner Sicht träumerische Politikauffassung ist ihm verhasst.

Jimmy trifft er auf Amerikareisen deshalb nur, wenn es die Amtspflichten unbedingt erfordern. Geht es nach Neigung, stehen Jerry, Henry und George auf dem Programm. Gerald Ford, Henry Kissinger und George Shultz, Reagans Außenminister, sind echte Kumpels.

Und was machen echte Kumpels? Sie gehen zusammen zelten, trinken zu viel und pinkeln hinterher in die Büsche.

Und Helmut darf bei alldem mitmachen.

Als Schmidt im Juli 1982 in die USA reist, wird er – schon zum zweiten Mal – in den »Bohemian Club« eingeladen, ein geheimnisumwittertes Zeltlager im »Bohemian Grove«, einem elf Quadratkilometer großen Gelände, 120 Kilometer nördlich von San Francisco. In dieser garantiert Jimmy-Carter-freien Zone trifft sich die amerikanische Wirtschafts- und Politikelite – ein Stelldichein von Republikanern und milliardenschweren Wirtschaftsbossen, die hier in Burschenschaftlermanier und unter Einfluss von viel Alkohol konspirieren und seltsame Rituale vollführen, zum Beispiel zu Beginn eines jeden Treffens das »Verbrennen der Alltagssorgen«.

Ein seltsamer Ort für einen Sozialdemokraten. Kein seltsamer Ort für Helmut Schmidt. Schließlich ist er mit nicht wenigen der Teilnehmer persönlich bekannt. Und seltsame Rituale, wie das Absingen komischer Lieder, kennt er ja von den Parteitagen der SPD.

Frauen sind bei dieser Gaudi der Machtmenschen nicht zugelassen – so wie im Grunde auch in der deutschen Politik. Passt.

Club-Mitglied Pat Brown, ein ehemaliger Gouverneur von Kalifornien, begründete das so: »Wie könnte

152

ich nackt von der Dusche zu meinem Zelt gehen,
wenn es hier Frauen gäbe?«

Nackte Männer, die sich auf der »größten Männer-
party der Welt« auch schon mal an Bäumen erleichtern – ist das ein Ort für einen deutschen Bundeskanzler?

Helmut Schmidt sieht nach eingehendem Studium
von Flora und sanitären Bedingungen in der Alpha-
tier-Sause kein Problem. Dass jemand an die Bäume
pisst, habe er noch nie gesehen. »Aber«, so der Kanzler, »die Bäume sind so groß, dass sich zwölf Männer
dahinter aufstellen können.«

Als Helmut Schmidt einmal ...

... seine eigene Währung erfand

Der 1. September 1978 ist ein schöner Tag für den Kanzler: kein Genscher, kein Wehner, keine Rentendiskussion, kein Terror, kein Carter – Schmidt ist mit Loki in den Pott gefahren.

In Essen, wo er auf Einladung des Krupp-Chefs Heinz Petry weilt, macht er etwas, das sonst nur das Privileg von Königen, Landesherren oder Staaten ist: Er prägt sein eigenes Geld. Warum auch nicht? Schließlich befindet sich der Kanzler auf dem Höhepunkt seiner Macht.

Im Krupp-Werk in der Helenenstraße, vor dem Schmidt mit dem Bundesgrenzschutzhubschrauber gelandet ist, wird dem Kanzler von dem 17-jährigen Azubi Michael – klar: Nachname Schmidt – der Nachbau einer historischen Münzpresse übergeben, die von den Krupp-Lehrlingen selbst zusammengebastelt wurde. Der Lehrling drückt aufs Knöpfchen, und heraus kommt eine Spaßwährung. Die »1-Schmidtchen«-Münze.

Der Kanzler, Weltfinanzfachmann, der er ist, kennt das schon mit der eigenen Währung: Schmidt hat gerade mit seinem Freund, dem französischen Staatspräsidenten Giscard d'Estaing, den Vorgänger des Euro erfunden, samt dazu passendem EWS (Europäisches Währungssystem). Die Kunstwährung heißt allerdings etwas sperrig European Currency Unit (ECU, gesprochen EKÜ). Da ist es doch nett, angesichts der eigenen Verdienste eine Währung zu bekommen, die so heißt wie man selbst, denkt sich der Kanzler vielleicht.

Schmidt, der selbst einmal Finanzminister war, ist mit dem Kanzlertaler zufrieden, verpasst aber allen, die angesichts seines Images als Macher zu hohe Erwartungen an den »Schmidtchen« haben, einen empfindlichen Dämpfer: »Dieses Zahlungsmittel ist noch nicht EG-reif.«

Schmidt bekommt später doch noch seine Wunschwährung. Der ECU, zunächst eine reine Verrechnungseinheit, wird zu einem realen Zahlungsmittel und umbenannt. Nicht in »Schmidtchen«, sondern in Euro.

So weit reicht die Schmidt-Verehrung dann doch nicht.

Der Euro macht inzwischen nicht mehr alle glücklich. Der »Schmidtchen« wenigstens einen: Er ist im Besitz der Numismatischen Sammlung des Ruhrmuseums. Dessen ehrenamtlicher Mitarbeiter Heinz Josef Kramer, seit 25 Jahren Gralshüter der Kanzlerwährung, freut sich jedes Mal, wenn er am »Schmidtchen« vorbeigeht.

Als Helmut Schmidt einmal ...

... für Fracksausen
bei Bonner Damen sorgte

Einmal im Jahr ist Neujahrsempfang. Dann geht der Kanzler zum Bundespräsidenten und schüttelt allen Mitgliedern des diplomatischen Corps die Hand.

Das ist selbst für einen Weltenlenker wie Schmidt, der ja viel rumkommt, lehrreich. Der Kanzler kann bunte Kostüme begutachten, fremde Sprachen hören – und er kann mal Urlaub machen von den notorisch Guten (USA, Großbritannien, Frankreich) und Bösen (Sowjetunion, Ostblockstaaten). Stattdessen kann man sich mal den Kleinen zuwenden. Die Herren aus Mauretanien, Mauritius oder Guyana sind ja auch ganz interessant, obschon oder gerade weil sie weder Atomraketen noch Dollarkrise haben.

Aber es gibt auch Unangenehmes auf so einem Empfang.

1975 will der Kanzler, den viele in der falschen Partei wähnen, beweisen, dass er doch in der richtigen ist, nämlich in einer linken, und probt den Aufstand – nicht gegen die Gesellschafts-, aber gegen die Kleiderordnung. Beim Neujahrsempfang sieht das Protokoll als männliches Pflichtkleidungsstück den Cut vor. Der Cutaway entwickelte sich aus dem englischen Gehrock, ähnelt dem Frack, wird aber nur bis 18 Uhr getragen. Der Bundespräsident trägt einen. Das diplomatische Corps, soweit es nicht in Tracht erscheint, trägt zumeist ebenfalls einen. Nur einer trägt in diesem Jahr keinen: Helmut Schmidt.

Der Kanzler hatte angedroht, im schwarzen Anzug zu erscheinen. Und das tut er dann auch. Begründung: »Dieser Zopf muss ab.« Und so kommt es, dass der deutsche Regierungschef beinahe der einzige wichtige Mann im Raum ohne Cut ist. Selbst der Vertreter des angeblichen Arbeiter- und Bauernparadieses DDR hält sich an Protokoll und bürgerliche Kleiderordnung.

Eine anwesende Dame der Bonner Gesellschaft ist fassungslos: »Entsetzlich, einfach shocking.«

Fünf Jahre später erfolgt der nächste Angriff aufs Protokoll: Ein junger Abgeordneter tritt – das hat es noch nie gegeben – im Bundestag ohne Krawatte auf und kassiert einen Ordnungsruf.

Es ist wieder ein Sozialdemokrat. Er heißt Gerhard Schröder. Diese Sozis.

Als Helmut Schmidt einmal …

… »den« nicht weiterregieren lassen wollte

Wenn der Kanzler Urlaub macht, regiert in Bonn, sehr zu Schmidts Verdruss, der Vizekanzler. Und der ist von der FDP. Hans-Dietrich Genscher, der Mann mit den großen Ohren und den großen Ambitionen, darf dann im Kabinettssaal auf dem beigen Ledersessel mit der langen Kanzlerlehne Platz nehmen.

Das ist auch im August 1981 so. Die sozialliberale Koalition ist inzwischen mehr oder weniger am Ende. Man braucht nur noch einen guten Grund zur Trennung. Und einen Buhmann, dem man den Koalitionsbruch anlasten kann: Genscher. Anders als im Fall Strauß, an dem Schmidt sich unermüdlich abarbeitet, ist die Beziehung zu Genscher keine Hassliebe – die Liebe fehlt.

Schmidt macht in diesen Tagen wie immer Urlaub an seinem geliebten Brahmsee. Hier ist alles schön. Die Grillen zirpen, die Brombeeren sind reif, die Vögel jubilieren. Der Kanzler spielt Schach mit Loki, sägt ein bisschen Holz und segelt mit seiner Jolle. Ach, könnte man nicht von hier aus regieren, weitab vom Bonner Sumpf mit seinen lästigen Kleinstparteien, die des Kanzlers Wirken behindern und den Verrat anbahnen?

Bonn ist nicht Weimar. Und der Brahmsee nicht Bonn. Schmidt kommt nicht zur Ruhe, es arbeitet in ihm. Denn im Kabinettssaal auf dem Sessel mit der verlängerten Rückenlehne sitzt ja weiterhin – Genscher. Er vertritt den Kanzler und spielt in Bonn die Nummer eins.

Das kann der richtige Kanzler nicht ertragen: Abmarsch vom See, Schluss mit Holzhacken und Heckenrasieren. Jetzt wird wieder die FDP rasiert. Auf die Frage eines Journalisten, warum er nicht ein paar Tage länger Urlaub mache, er wirke so gar nicht entspannt, sagt Schmidt: »Soll ich den noch länger regieren lassen?«

Als Helmut Schmidt einmal …

… den Tagesanbruch nach hinten verschob

Der Körper eines Kanzlers gehört nicht mehr ihm selbst. Er gehört auch irgendwie dem Staat. Der Regierungschef muss fit sein, um das Land zu führen. Der Kanzlerkörper ist ein Politikum. Das Problem von Helmut Schmidt ist nun, dass er allerlei Krisen weltweit managen kann – nur nicht seine eigenen Gesundheitskrisen.

Der Kanzler hat seit den Siebzigerjahren mehrere Krankenhausaufenthalte hinter sich. Mal bringt er ein seltsames Fieber aus Tansania mit, mal klappt er bei einer Marinevorführung auf See zusammen, dann wieder müssen Splitter aus einem Auge entfernt werden.

1981 soll Schmidt im Bundeswehrkrankenhaus Koblenz ein Herzschrittmacher eingesetzt werden. Das Weiterregieren bereitet ihm keine Schwierigkeiten, die Akten werden zugeliefert, aber ein Problem hat Schmidt mit dem Tagesablauf. Er geht normalerweise um eins ins Bett und steht um acht auf.

Als der Kanzler – wie auf der Krankenstation üblich – aber um sechs aus dem Schlaf gerissen wird, sinkt seine Stimmung. »Müsst ihr mich eigentlich mitten in der Nacht wecken?« Dabei genießt der Kanzler bereits ein Privileg: Normalerweise wird die Nachtruhe in deutschen Krankenhäusern um 4.30 Uhr beendet.

Schmidt ist sauer.

Werner von Hoff, Geschäftsführer der Aktion »Mehr Menschlichkeit in Krankenhaus und Praxis«, nimmt sich der Sache an. Das Stören der Nachtruhe habe Gründe: »Das frühe Wecken hat seine Wurzeln in der Zeit, als die Schwestern fast ausschließlich Nonnen waren. Sie machten ihre Patienten morgens so zeitig fertig, dass sie anschließend in die Frühmesse gehen konnten.«

Doch der Unmut des Patienten mit der Lotsenmütze löst immerhin eine Diskussion aus. Wenn Schmidt genervt ist – besteht dann nicht Handlungsbedarf? Der Kanzler löst eine bundesweite Weckzeit-Diskussion aus, an der sich – dem prominenten Kritiker angemessen – nur die besten Weckzeit-Historiker beteiligen.

Von Hoff: »Die frühen Weckzeiten sind zumindest unangenehm. Ob sie darüber hinaus nicht auch den Heilerfolg beeinträchtigen, hat leider bisher noch keine Untersuchung geklärt. Wir treten dafür ein, dass die Patienten im Krankenhaus möglichst ihre normalen Lebensbedingungen behalten können. Wenn um sieben Uhr geweckt wird, ist das früh genug.«

Schmidt jedenfalls wird nach seinem Ausbruch künftig um sieben aus dem Schlaf geholt. Und in den nächsten Jahren kommen in deutschen Krankenhäusern auch weniger prominente Schmidts in den Genuss späteren Aufstehens. Heute wird in den meisten Krankenhäusern zwischen sechs und sieben Uhr geweckt.

Als Helmut Schmidt einmal ...

... bei der Bundeswehr
Hitparaden einführte

1986 träumt Rio Reiser in einem Lied davon, was er täte, wenn er »König von Deutschland wär'«: »Bei der Bundeswehr gäb' es nur noch Hitparaden.«

Wohl schon länger und sehr viel früher träumt ein streng gescheitelter Hamburger Hobby-Organist davon, was er täte, wenn er Verteidigungsminister von Deutschland wär': ungefähr dasselbe wie Rio Reiser später.

1969 muss er nicht mehr träumen, denn Helmut Schmidt wird erster sozialdemokratischer Verteidigungsminister seit Gustav Noske. Und der Verehrer von Bach und Gershwin hat den martialischen Sound der Landser-Musikanten über – Schmidt will am liebsten bei der Bundeswehr überhaupt keine Marschmusik mehr hören: »Die deutsche Militärmusik sollte mit einem besonderen Rhythmus angereichert werden.« Und: »Die Musikkorps der Bundeswehr sollten mehr

Musik von Gershwin an aufwärts spielen. Ruhig auch Beat und Jazz, warum nicht?« Konsequenz: Die Truppe braucht eine Showband, geleitet von einer Art James Last in Olivgrün.

Gekommen ist Schmidt auf die Idee mit der Jazz-Truppe im Hamburger Operettenhaus. Im Mai 1970 hatte der Verteidigungsminister dort eine Aufführung des von Soldaten des Panzerartillerie-Bataillons 335 produzierten Musicals *Outside* gesehen. Er war begeistert. »Ich finde es gut, dass die Soldaten, wenn sie Lust und Zeit haben, Theater spielen; es lockert sie auf.«

Der neue Minister schreitet, was die Ablösung der Militär- durch die Hitparaden angeht, zur Tat. 1971 ist es so weit: Die »Big Band der Bundeswehr« wird gegründet. Als Bandleader hat sich Schmidt Günter Noris ausgesucht – ein Vollprofi und neben Paul Kuhn, Max Greger, Bert Kaempfert und James Last einer der großen Bandleader in Deutschland, der 1966 Hildegard Knef auf ihrer ersten Deutschland-Tournee begleitete.

1972 hat die Big Band ihren ersten offiziellen Auftritt: bei der Eröffnung des Münchner Olympiastadions anlässlich des Fußballspiels Deutschland-Sowjetunion. »Happy Zapfenstreich« heißt einer der Songs, aber auch Titel wie »Hoch auf dem gelben Wagen« werden von Günter Noris in James-Last-Manier dirigiert.

Dass eine deutsche Armee jetzt das spielt, was unter den Nazis noch »Negermusik« hieß – allein diese Tatsache ist ein ungeheurer Kulturbruch. In Japan schafft es eine Bundeswehrplatte sogar in die Hitparade.

Durch einen Mann im taubenblauen Pop-Anzug und einen Gershwin-Fan aus Hamburg erfährt die Welt endgültig, dass Deutschland swingen kann. Und der Bundeswehr geht der Swing am Marsch vorbei.

Als Helmut Schmidt einmal ...

... für 120 Sekunden
Erich Honecker bekehrte

Am 11. Dezember 1981 fährt Helmut Schmidt in die DDR, um Erich Honecker einen Besuch abzustatten.

Als der Bundeskanzler, angetan mit Helgoländer Lotsenmütze, in Berlin-Schönefeld die Gangway herunterkommt, ruft der Fernsehreporter in sein Mikrofon: »Bilder, die um die Welt gehen«, und dokumentiert so unfreiwillig den notorischen Minderwertigkeitskomplex, den die DDR mit diesem Besuch eigentlich bekämpfen will.

Erich mit Helmut in »Berlin – Hauptstadt der DDR« – das ist »Weltniveau«, wie man in der »Zone« zu sagen pflegt. Und Honecker scheint sich nur dann als echter Staatsmann zu fühlen, wenn er auf heimischem Boden mal Helmut Schmidt die Hand geben darf.

Das Treffen Schmidts mit dem DDR-Vorsteher ist von zwei Dingen geprägt. Erstens von schlechter Stimmung angesichts des gerade über Polen verhängten Kriegsrechts, das Honecker naturgemäß in Ordnung findet, während Schmidt darin eine Gefahr für die sozialdemokratische Hauptbeschäftigung, die »Entspannungspolitik«, sieht. Zweitens von einem Trauma der DDR: 1970 wurde Willy Brandt in Erfurt mit »Willy, Willy, Willy Brandt«-Rufen gefeiert. Das darf nie wieder passieren.

Entsprechend irrsinnig sind die Vorkehrungen, um ähnliche Sympathiebekundungen diesmal zu verhindern. In Güstrow, wo Schmidt auf seinen ausdrücklichen Wunsch hin die Barlach-Gedenkstätte und die Skulptur »Der Schwebende« im Güstrower Dom besucht, ist die Stadtbevölkerung durch Stasi-Mitarbeiter ausgetauscht worden.

Güstrow ist ein Potemkinsches Dorf, ein Denkmal sozialistischen Kontrollwahns. Die Stasi-Leute sind angewiesen, »unter Einsatz von Licht, Effekten und Weihnachtsmusik eine lockere Atmosphäre« zu verbreiten.

Als Helmut Schmidt den Güstrower Dom betritt, wo er von Landesbischof Heinrich Rathke begrüßt wird, kommt es aber doch noch zu einem Moment der Wahrhaftigkeit. Als Domkantor Paul Schumann eine Bach-Kantate anstimmt, setzt sich Schmidt unvermittelt ins Kirchengestühl, lauscht in sich versunken seinem Lieblingskomponisten – und scheint zu beten.

Dem Atheisten und Marxisten Honecker bleibt nichts anderes übrig, als dem Protestanten Schmidt zu folgen, sich ebenfalls zu setzen, Interesse zu simulieren und gleichfalls, wenn auch mürrisch, dem Protestanten Bach in einer protestantischen Kirche zu lauschen.

Für wenige Minuten stiehlt eine Bach-Kantate dem ersten Sekretär des ZK der SED und Vorsitzenden des Staatsrates der DDR, der seit Jahrzehnten keine Kirche mehr betreten hat, die Stasi-Show.

ALS HELMUT SCHMIDT EINMAL ...

... mit einer CD verwechselt wurde

Helmut Schmidt spielt, das weiß in Deutschland jeder, ganz passabel Klavier. Er hat sogar zwei LPs eingespielt. Bei Mozarts Klavierkonzert Nr. 7 für drei Klaviere (KV 242) hat Schmidt natürlich den einfachsten Part übernommen. Mozart hatte die dritte Klavierstimme einst für die elfjährige Gräfin Giusepina Lodron komponiert. Auch das Klavierkonzert von Johann Sebastian Bach (BWV 1060), das Schmidt mit Justus Frantz und Christoph Eschenbach aufgenommen hat, kauft man sicher nicht, weil hier Virtuosentum vorgeführt wird. Sondern weil ein Weltenlenker am Piano sitzt. Das ist immer forte.

Doch Schmidt ist inzwischen weiter. Die letzte Aufnahme datiert von 1982. Danach hatte er daheim in Hamburg-Langenhorn Zeit zum Üben.

Dezember 2008. Helmut Schmidt wird neunzig. Der Journalist Dieter Buhl besucht den Kanzler am Brahmsee. Loki empfängt ihn. Aus dem Nebenzimmer perlt Klaviermusik. Eine Fantasie über Bachs »Italienisches Konzert« in F-Dur, BWV 971.

»Was für eine wunderbare Aufnahme«, bemerkt der Besucher.

»Das ist keine Aufnahme«, sagt Loki. »Das ist Helmut. Das ist er nebenan im Arbeitszimmer.«

Als Helmut Schmidt einmal ...

... Großbritannien vor einem Labour-Schaden bewahrte

1974. Europa bekommt zwei neue Regierungschefs: Helmut Schmidt löst Willy Brandt als Bundeskanzler ab, und in Großbritannien wird der Konservative Sir Edward Richard George Heath durch den neuen Labour-Premier James Harold Wilson, Baron Wilson of Rievaulx ersetzt.

Britanniens Neuer hat einen europafeindlichen Wahlkampf gemacht – und gewonnen. Er lässt verlauten: »Die Labour-Party ist gegen eine britische Mitgliedschaft im gemeinsamen Markt, so wie sie von der konservativen Regierung ausgehandelt wurde.« Und: »Das Volk sollte das Recht haben, durch ein Referendum zu entscheiden.«

Doch bevor das Volk befragt wird, soll erst mal einer das Wort ergreifen, der wirklich Ahnung hat: Helmut Schmidt wird zum Labour-Parteitag eingeladen, um über Europa zu sprechen.

Labour-Mann Renée Short findet den Schmidt-Besuch nicht so gut: »Nach Ansicht vieler von uns im Vorstand besteht seine einzige Aufgabe darin, der Konferenz brüderliche Grüße seiner Partei zu überbringen. Sollte er versuchen, mehr zu tun und uns eine Lektion darüber zu erteilen, wie unsere Haltung gegenüber dem gemeinsamen Markt aussehen sollte, würden viele von uns unsere starke Missbilligung durch Auszug zum Ausdruck bringen.«

Brüderliche Grüße – diesen sozialistischen Kitsch können die linken Labour-Leute vergessen. Wer Schmidt bucht, kriegt Schmidt.

Der Kanzler rückt an – und redet ausführlich über den gemeinsamen Markt. »All I really want to say … is that your comrades on the Continent want you to stay«, sagt Schmidt in perfektem Englisch. »Alles, was ich hier sagen kann, ist dies: Eure Genossen auf dem Kontinent wollen euch dabeihaben.«

Natürlich geht keiner raus. Sogar die härtesten Europa-Hasser, die Minister Michael Foot und Anthony Wedgwood Benn, klatschen Beifall.

Am nächsten Tag jubelt der *Evening Standard*: »Skilful Schmidt sells the Market to Labour.« »Geschickter Schmidt verkauft Labour den gemeinsamen Markt.«

Im Jahr darauf kommt das Referendum: Es gewinnen die Europa-Befürworter.

ALS HELMUT SCHMIDT EINMAL ...

... den Weihnachtsbaum versteckte

Seit 1976 ist das neue Kanzleramt in Betrieb. Erstbewohner ist ein Mann, der sich gern so nüchtern gibt, wie er heißt: Schmidt, Helmut. Erstwohnsitz: Hamburg-Langenhorn.

Schmidt braucht nicht viel: immer eine Flasche Cola auf Vorrat, Reyno-Menthol-Fluppen und vielleicht mal eine Erbsensuppe zum Mittag.

Natürlich, er kokettiert auch mit diesem Image, denn an Selbstbewusstsein mangelt es ihm keineswegs, was alle, die unter ihm in Europa und weltweit Regierungschefs sein dürfen, jederzeit bestätigen können.

Der Mann, der sich »erster Angestellter der Republik« nennt, scheint also ideal zu passen zu einem Staat, der ja nicht weiter auffallen will – schließlich ist der Krieg noch nicht ganz so lange her. Pomp muss nicht sein. Man ist der Musterknabe in Bescheidenheit.

Doch 1982 wird der protestantische Norddeutsche ersetzt durch einen dicken Katholiken aus dem Süden: Helmut Kohl ist nun der Kanzler, und nun weht ein anderer Wind.

Kohl dröhnt, es müsse eine »geistig-moralische Wende« her, so als sei das Land völlig verlottert und stünde kurz vor dem Untergang.

Wie zu erwarten, wird daraus nichts – dafür kommt die geistlich-botanische Wende: Am 1. Dezember 1982 geht Kohl vors Kanzleramt und drückt einen Knopf. Neben dem Pförtnerhäuschen erstrahlt ein acht Meter hoher Weihnachtsbaum im Schein elektrischer Kerzen.

Vorgänger Helmut Schmidt hatte zwar auch einen Weihnachtsbaum, den aber im Innenhof des Kanzleramtes mehr oder weniger versteckt.

Der Protestant Schmidt hält nichts von Pomp und demonstrativer Heimeligkeit und Frömmelei. Später wird er einmal sagen, was er zum zweithöchsten Christenfest wirklich benötigt: »Ich brauche das Vaterunser, die Zehn Gebote, die Kirchenmusik und den Choral.«

ALS HELMUT SCHMIDT EINMAL …

… die Jolle eines Kanadiers verschmähte

Die SPD ist die Partei der Seefahrer: Helmut Schmidt trägt gern eine Helgoländer Lotsenmütze, macht auf Bismarck und navigiert laut eigenen Angaben die Bundesrepublik schon mal »durch schwere Gewässer«.

Peter Glotz, der intellektuelle Bundesgeschäftsführer, attestierte der SPD allerdings einmal die »Wendigkeit eines Supertankers«. Außerdem schenken sich die allzeit Käpt'n-Iglo-artig mit Pfeifen bewehrten Sozis (Engholm, Wehner, Schmidt) auf Parteitagen ständig maritime Steuerräder, um auf diese Weise zu verdeutlichen, dass sie »Kurs halten«.

Gemeinsam ist allen Sozialdemokraten auch die »Lust am Untergang«, die Willy Brandt den Seinen einmal attestierte.

Vielleicht hat der kanadische Premierminister Pierre Trudeau ja an all das gedacht, als er Helmut Schmidt im Sommer 1978 eine sogenannte »Laser-Jolle« schenkt.

Das war wohl falsch gedacht: Das sportliche Gerät

(4,23 m lang, 1,73 m breit und nur 56,7 kg schwer) sieht eher aus wie ein größeres Surfbrett und wird von Helmut Schmidt auch dementsprechend betitelt: »Plättbrett« – auf Hochdeutsch »Bügelbrett«.

Was soll jemand, der Supertanker und schwere Stürme gewohnt ist, mit so einem Ding? Und wie soll ein Weltstaatsmann in so einer Nussschale, die nur deshalb nicht untergeht, weil die Seitenwände mit Schaumstoff ausgefüllt sind, seine Würde bewahren?

Wie auch immer: Das Ding vergammelt in Helmut Schmidts Bootsschuppen am Brahmsee. Der Kanzler bevorzugt weiterhin seine stabilere Conger-Jolle. Ein Gerät für Männer.

Die Kanadier bekommen Wind von Schmidts Jollen-Verweigerung, und als gar das Gerücht aufkommt, Schmidt habe die Jolle verschenkt, sind sie regelrecht sauer.

Regierungssprecher Bölling muss eingreifen. Er lässt dem kanadischen Kabinettschef Jacques Roi mitteilen, das Bötchen liege immer noch im besten Zustand im Schmidt-Schuppen. Und auch Schmidt fühlt sich genötigt, die Wogen zu glätten: Er traue sich mit dem sportlichen Ein-Mann-Boot nicht auf den Brahmsee: »Ich bin ja kein so junger Mann mehr.«

Doch soll man das einem Mann glauben, der kurz danach wieder ein ganzes Land »durch schweres Fahrwasser« steuert?

Als Helmut Schmidt einmal …

… von einem Rollkragenträger mit Hornbrille zum Weltretter erklärt wurde

Spätestens 1974, als Helmut Schmidt Kanzler wird, muss einem Mann mit Hornbrille und Rollkragenpullover klar sein: Freundschaft wird das nicht mehr.

Erhard Eppler stammt aus einem ur-protestantischen schwäbischen Elternhaus und ist zum Zeitpunkt von Schmidts Wahl zum Bundeskanzler Entwicklungshilfeminister. Allerdings nicht mehr lange. Denn unter dem schnell von Theorien aller Art genervten Schmidt sind die Entwicklungsmöglichkeiten des Entwicklungsministers im Kabinett begrenzt: Wenige Wochen nach Schmidts Amtsantritt tritt Eppler ab.

Schwäbischer Pietismus und hanseatischer Rationalismus, Sozialkundelehrerbart und Helgoländer Lotsenmütze – das passt nicht zusammen.

Eppler schreibt Bücher, die *Ende oder Wende* heißen, und ist gegen alles, worauf Sozialdemokraten vor Kurzem noch stolz waren: Wirtschaftswachstum und Malochertum, Atomkraftwerke und Tornado-Kampfflugzeuge. Helmut Schmidt ist einfach nur genervt von Leuten wie Eppler: »Ich kann diese Oberstudienräte nicht leiden, die ihre Lebensängste auf die Kernenergie projizieren.«

1980. Erhard Eppler ist inzwischen Spitzenkandidat der SPD bei den Landtagswahlen in Baden-Württemberg – für einen Sozi ist das Schwabenland das, was das Outback für einen Aussi ist: unwirtliche Steppe, in der man nichts abbekommt außer einer weiteren Schramme.

Eppler ist verzweifelt, denn ausnahmsweise muss er keine Erkenntnisse über den drohenden Weltuntergang gewinnen, sondern eine schnöde Schwaben-Wahl.

In dieser Situation, sein Lieblingsfeind liegt gerade im Krankenhaus, ruft er im Namen Schwäbisch-Halls, der Bundesrepublik und der ganzen Welt um Hilfe: »Dass Helmut Schmidt rasch wieder ganz gesund wird, ist für die Bundesrepublik Deutschland und, ich sage es ohne Pathos, für diese Welt jetzt noch wichtiger als der Wahlkampf in Baden-Württemberg.«

Es gibt zwar nur einen Gott, aber eben auch nur einen Schmidt, und alles andere sind Nebensächlichkeiten: Auf Dauer war das Akzeptieren dieser Erkenntnis selbst für Erhard Eppler einfach unvermeidlich.

ALS HELMUT SCHMIDT EINMAL ...

... vom Genius Loki gerettet wurde

Helmut Schmidts Gesundheitszustand bekümmert nicht nur falsche Freunde. Auch echte Feinde verfolgen die Krankengeschichte des Kanzlers: »Helmut Schmidt ist nicht gesund – darauf spekuliert der Brandt«, weiß im Oktober 1979 Franz Josef Strauß, der seinerseits darauf spekuliert, dass Helmut Kohl irgendwann schlappmacht.

Neben Strauß zweifelt noch ein anderer an der Kanzlergesundheit: Helmut Schmidt selbst. Allerdings nur einmal am Tag: »Wenn ich am Morgen beim Rasieren in den Spiegel schaue, denke ich auch immer, ich müsste spätestens am Mittag zurücktreten.«

Tatsächlich ist die Krankengeschichte Schmidts beeindruckend:

1972 liegt der Finanzminister wochenlang wegen einer – unerkannten – Schilddrüsenerkrankung, dem sogenannten Basedow-Syndrom, im Bundeswehrkrankenhaus in Koblenz.

180

1975 erkrankt er an einer Lungen- und Rippenfell-entzündung.

Winter 1978: Bindehautentzündung, nachdem ihm in Hamburg ein Stück Glas ins Auge geweht ist.

Spätsommer 1980: akute Herzrhythmusstörungen, die vom Regierungssprecher als »fiebriger Infekt« verharmlost werden.

Januar 1981: eitrige Mandelentzündung, Verdacht auf Herzmuskelentzündung, eine sogenannte Myokarditis.

Im Oktober 1981 setzt sein Herz mehrere Male über mehrere Sekunden aus – ein sogenannter »Adam-Strokes-Anfall«. Im Bundeswehrkrankenhaus Koblenz wird ihm ein Herzschrittmacher eingesetzt.

Mehr als ein dutzend Mal ist Schmidt im Dienst ohnmächtig aufgefunden worden.

Bei der FDP macht man sich Sorgen, schließlich kann man – höchstens – noch mit Schmidt über die Runden kommen. Alle anderen Sozis fallen für die FDP, die sich gerade in Richtung CDU abzusetzen beginnt, aus.

Wird aus der Schmidt-Krise eine Staatskrise? Man kennt das aus den USA, wo Jimmy Carter mal beim Joggen zusammenbrach und danach, als Schwächling gebrandmarkt, in der öffentlichen Meinung für immer erledigt war. Das kann dem Kanzler nicht passieren.

Schmidt joggt lieber gar nicht erst. Und er kann auf einen mächtigen Unterstützer zählen. Die FDP hat nicht mit dem Genius Loki gerechnet. Die sagt über ihren schwächelnden Helmut: »Er hat eine erstaunliche Konstitution, wie ein belgischer Ackergaul.«

Damit ist das Thema Schmidt und seine Gesundheit beendet. Deutschland wird von einem Ackergaul regiert. Nicht von einem Jogger. Das ist der Unterschied.

Am 23. Dezember 2013 feiert der Ackergaul seinen 95. Geburtstag.

Als Helmut Schmidt einmal …

… jemandem in den Arm fiel

Helmut Schmidt und die deutsche Öffentlichkeit haben nicht viel gemeinsam – welcher Deutsche liest schon Karl Popper und Immanuel Kant und spielt Bach –, aber eines eben schon: Beide denken nur das Beste von Helmut Schmidt.

Seit der »Nacht von Mogadischu« gilt Helmut Schmidt als tatkräftig, entscheidungsfreudig, als ewiger Herr des Verfahrens und als krisenresistent.

In Frankreich, das sich als genussfreudiges Gegenstück zur nüchternen Bundesrepublik gefällt, nennt man Schmidt hingegen gern abschätzig »Le Feldwebel«. Wahrscheinlich ist das gleich doppelt abschätzig gemeint: Revolution können sie hier besser, und wenn der westliche Nachbar schon mal autoritär regiert wird, dann wenigstens von einem General statt von einem Unteroffizier.

Helmut Schmidt fährt trotzdem gern nach Frankreich. Schließlich regiert hier Giscard d'Estaing, ein großbürgerlich wirkender Mann, der allerdings aus einem Freiherrengeschlecht stammt und schon mal zur Wildschweinjagd bläst.

In Giscards Élysée-Palast kann Schmidt zwischen Louis-seize-Stühlen Urlaub machen von all den inkompetenten Sozialstaatsterroristen der linken SPD und dem Landgrafen Otto von der FDP.

Jedenfalls zählt Schmidt Giscard zu seinen Freunden, und vielleicht ist es kein Zufall, dass »Le Feldwebel« ihm im Februar 1980 quasi in die Arme fällt.

Bei einer Unterredung mit Giscard verdreht der Kanzler plötzlich die Augen und sackt ohnmächtig zusammen. In seinen Memoiren schreibt der französische Staatschef später: »Diese Krankenwache hat etwas von einer Shakespeare-Szene. Was würde wohl die Öffentlichkeit, die Menge dazu sagen, wenn sie uns so sähe, Helmut auf dem Sofa und mich, wie ich hilflos neben ihm wache, ohne ihm helfen zu können?«

Natürlich sagt die Öffentlichkeit gar nichts, denn sie erfährt nichts davon.

Und Schmidt? Der macht nach dem Schwächeanfall einfach weiter, als sei nichts geschehen. Und vielleicht wurde in diesem Moment für Giscard aus »Le Feldwebel« Helmut. Dabei ist der Kanzler gar kein Feldwebel, sondern seit 1958 Hauptmann der Reserve.

Als Helmut Schmidt einmal ...

... mit Italien jubelte

Helmut Schmidt mag Sandro Pertini, den italienischen Staatspräsidenten. Mit seiner dicken Hornbrille sieht der ältere Herr ein bisschen so aus wie der erste sozialdemokratische Bundeskanzler Gustav Heinemann, geht aber – anders als der strenge Pietist – nicht zum Lachen in den Keller.

Wenn Schmidt und Pertini sich begegnen, ist das immer eine denkwürdige Angelegenheit.

So auch 1982 in Madrid, als die beiden auf der Ehrentribüne des Estadio Santiago Bernabéu am 11. Juli gemeinsam das Endspiel der Fußballweltmeisterschaft sehen. Deutschland spielt gegen Italien.

Die WM ist für Deutschland mies gelaufen: Zwar hat man das Halbfinale gegen Frankreich gewonnen, aber nach einem hässlichen Foul von Toni Schumacher an Patrick Battiston spricht die französische Presse von deutschen »Panzern« und Gestapo-Methoden. Der hässliche Deutsche ist wieder da. Die Empörung geht

185

so weit, dass der ohnehin nicht fußballbegeisterte Schmidt mit dem französischen Staatspräsidenten Mitterand in einer gemeinsamen Presseerklärung zur Mäßigung aufrufen muss.

Und nun sitzt Schmidt neben Pertini und sieht in der 56. Minute das 1:0 für Italien durch Paolo Rossi. In der 68. Minute sieht er das 2:0 durch Marco Tardelli. Und er sieht, wie in der 80. Alessandro Altobelli zum 3:0 einnetzt, das der kickende Waldschrat Paul Breitner mit seinem 1:3 nur noch kosmetisch aufbessern kann.

Pertini jubelt, ballt die Fäuste, tanzt. Schmidt klatscht und grinst so enthemmt, dass seine perfekte Zahnreihe im Flutlicht schimmert.

Am nächsten Tag rumort es. »Verrat« schallt es aus den Reihen der Deutschland-Fans, die man damals noch »Schlachtenbummler« nennt.

Die Frage »Durfte Schmidt grinsen?« löst zwölf Jahre nach der historischen Geste von Willy Brandt am Warschauer Ghetto-Ehrenmal die seinerzeit vom *Spiegel* gestellte Frage ab: »Durfte Brandt knien?« Sind die Sozis also doch Landesverräter, egal ob in Warschau oder Bernabéu?

Doch Schmidt konnte nicht anders. Als Begründung für seine plötzliche Fußballbegeisterung sagt der Kanzler, er habe sich einfach am spontanen, überschäumenden Jubel von Sandro Pertini erfreut.

ALS HELMUT SCHMIDT EINMAL ...

... die Pressefreiheit einschränkte

Wenn Helmut Schmidt im Bundestag spricht, kann es schon mal vorkommen, dass jemand »Oberlehrer« dazwischenruft. Das wäre die harmlosere Variante. Sehr beliebt bei Schmidt-Auftritten ist allerdings auch der Einwurf »Oberleutnant«. Das ist nicht gerade nett gemeint und auch noch falsch. Erst war er, wie die meisten seiner Generation, in der Wehrmacht. Drei Jahre nach Gründung der Bundeswehr wurde er im März 1958 zum Hauptmann der Reserve befördert.

Schmidt ist zweifellos ein Mann, der Autorität schätzt. Vor allem seine eigene – denn was soll man machen, wenn alle anderen dümmer sind als man selbst? Richtig – man übernimmt notgedrungen den Job und geht voran.

Immer wieder zu spüren bekommen Schmidts autoritäre Anwandlungen diejenigen, die in der Demokratie eher fürs Antiautoritäre, fürs Kritische zuständig sind: die Journalisten. Schmidt bezeichnet sie gern schon mal als »Banditen« oder »Wegelagerer«. Und die, darunter viele Angehörige der studentisch bewegten antiautoritären Generation, sind nicht gerade Schmidt-Fans. Sie trauern immer noch »Willy« nach, dem großen Sanften.

Einmal jedoch gelingt es Schmidt, die Pressemeute so zu kommandieren, wie es ihm angemessen erscheint.

Dezember 1977. In der Regierungsmaschine, einer kleinen VFW 614 mit 40 Plätzen, sitzt der Kanzler vorn im Kanzlersessel, hinter ihm sitzen die mitreisenden Journalisten. Der Kanzler war gerade in Italien. Mit dem dortigen Ministerpräsidenten Andreotti gab es Verstimmungen. Jetzt ist – dank Schmidt – alles wieder gut.

Als die Maschine anrollt, winkt Schmidt zum Abschied am Kabinenfenster. Aber das reicht ihm nicht. Kanzlerbefehl nach hinten an die freie Presse der Bundesrepublik Deutschland: »Los, ihr müsst zum Abschied winken. Das gehört sich so.«

Die freie Presse tut wie befohlen und winkt mit Taschentüchern und Kotztüten, bis weitere Befehle vom Kanzlersessel ergehen.

Nächster Schmidt-Befehl, kanzlergemäß knapp: »Sense.«

Die Wink-Elemente im Presseabteil werden wieder verstaut, und Schmidts 30-sekündige Kontrolle der Pressefreiheit ist zu Ende.

ALS HELMUT SCHMIDT EINMAL ...

... mit dem Rauchen aufhörte

Helmut Schmidt gehört nicht zu den Menschen, die ständig mit dem Rauchen aufhören – bevor sie sich die nächste Zigarette anzünden. Der Kanzler pafft einfach weiter seine täglichen 40 Reyno-Menthol-Zigaretten.

Schmidt ist da ganz auf der Linie seines Lieblingskomponisten Johann Sebastian Bach. Der hatte 1704 in seiner Arie »Gedanken eines Tobakrauchers« getextet:

Ich kann bei so gestalten Sachen
mir bei dem Tabak jederzeit
erbauliche Gedanken machen.
Drum schmauch ich voll Zufriedenheit.

Doch zweimal hat er es dann doch probiert. Die 500-jährige Weltgeschichte des Tabakkonsums verzeichnet zwei Entzugsversuche von Helmut Schmidt:

Im Frühjahr 1966 stellt der frischgebackene Fraktionsvorsitzende das Rauchen vorübergehend ein. In den ersten acht Tagen danach wird er fünf Kilo schwerer. Herbert Wehner hingegen pafft weiter Pfeife und löst Schmidt 1969 prompt als Vorsteher der SPD-Abgeordneten ab.

Das zweite Mal wird Schmidt – inzwischen Kanzler – im Oktober 1980 abstinent. Im Dezember raucht er dann auch die letzte Pfeife.

Im März 1981 kommt Felipe González, der spanische Sozialistenführer, nach Bonn und spricht beim Kanzler vor, der durch den Nikotinentzug diesmal acht Kilo zugenommen hat.

González ist eher ein Kumpel von Willy Brandt. Beim Fototermin stehen die beiden herum und wissen nicht, was sie sagen sollen. Der Spanier durchbricht die Stille und versucht einen Scherz: »Sie sind aber dick geworden.« Der Kanzler erwidert: »Weihnachten habe ich mir das Rauchen abgewöhnt, Ostern werde ich auch noch aufhören zu essen.« Dann bricht Schmidt den Fototermin abrupt ab und eilt davon.

Trotz dieser Erlebnisse ist der Kanzler, was die Tabakabstinenz angeht, optimistisch. Im Frühsommer 1981 verkündet er: »Jetzt bin ich darüber hinweg.«

Kurz darauf fängt Schmidt wieder mit dem Rauchen an.

Als Helmut Schmidt einmal ...

... trotz RAF den Sekt selber holte

Am 19. Oktober 1977, es ist der Höhepunkt des »deutschen Herbstes« – Hanns Martin Schleyer ist bereits tot im Kofferraum eines Audi gefunden worden –, schickt die RAF dem Kanzler Liebesgrüße aus dem Untergrund: »Wir werden Schmidt und den ihn unterstützenden Imperialisten nie das vergossene Blut vergessen.«

Natürlich gilt für Schmidt schon längst die Sicherheitsstufe 1 gefährdeter Personen. Sein Haus im Neubergerweg 80/82 ist für 600 000 Mark gegen Raketenangriffe gesichert worden. Vor dem Schmidt-Domizil steht ein Häuschen für die Beamten des Sicherheitskommandos, für das Schmidt – wie jeder andere Bürger – eine Baugenehmigung beantragen musste. Und vor Schmidts Wochenendhaus am Brahmsee ist eine Beleuchtungsanlage für 188 000 Mark installiert worden.

Trotz allem liebt es der Kanzler, den Beamten von der Sicherheit den Schweiß auf die Stirn zu treiben. So taucht der Mann, der – wie bei einem Auftritt im schleswig-holsteinischen Wahlkampf – schon mal von hundert Polizisten beschützt wird, immer mal wieder auf unerklärliche Weise ohne bewaffnete Entourage auf.

Bei der Blütenfahrt 1980 im Alten Land steuert der Kanzler seinen Mercedes höchstpersönlich nach Jork zur Galerie des Obstbauern Hans-Dieter Ritter, um der Vernissage des befreundeten Künstlers Christian Modersohn beizuwohnen.

Auch FDP-Mann Uwe Ronneburger erhält Besuch vom Selbstfahrer Schmidt, der im August 1982 vor dessen Reetdach-bewehrtem Bauernhof in Eiderstedt vorfährt, herausspringt und begeistert posaunt: »Uwe, habt ihr neu gedeckt?«

Auch dem Konsumterror will sich der Kanzler trotz Gefahr durch die RAF gelegentlich hingeben. Im Terrorjahr 1977 arbeitet er deshalb Lokis Einkaufszettel persönlich ab.

Am 19. Dezember 1977 betritt der Kanzler das Weinhaus Grohl am Hamburger Klosterstern. Er kauft 24 Flaschen Sekt seiner Hausmarke »Gillot«. Deutscher Jahrgangssekt, trocken. Unter »Hallo Helmut«-Rufen geht er dann wieder.

Als Helmut Schmidt doch einmal …

… die Jugend verführte

Im Jahr 1980 ist Helmut Schmidt nicht gerade ein Popstar. In den Jugendzimmern der Republik hängen Poster von Pink Floyd, die soeben ihr Endzeit-Epos »The Wall« herausgebracht haben. Oder von David Bowie, der mit »Ashes to Ashes« reüssiert. Und im Karneval geht man vielleicht als »Luke Skywalker« aus dem Film *Das Imperium schlägt zurück*, der ebenfalls 1980 in die Kinos kommt. Bald werden Reagan-Pappgesichter in Mode kommen – als Ersatz für Monstermasken.

Nein, Politiker sind im Jahr 1980 schon längst keine Helden mehr. Ganz abgesehen davon, dass Jugendliche sich wohl selten Weltenlenker zum Vorbild nehmen, es sei denn, sie sind tot, sehr weit links und tragen Baskenmützen, so wie Che Guevara, ewiger Reserve-Jesus und Held der T-Shirt-Industrie.

Der Jugend fehlt einfach der Sinn dafür, dass Schmidt und der französische Staatspräsident Giscard d'Estaing das Lennon/McCartney-Duo der europäischen Währungspolitik sind. Ihr fehlt der Blick für die taktische Schönheit der Schmidt'schen Nachrüstungspolitik, die einem Schachspiel auf höchstem Niveau gleicht.

Schmidt ein Vorbild? Fehlanzeige.

Doch es gibt ermutigende Ausnahmen: Im Herbst 1980 kommt es im Gymnasium des Hamburger Stadtteils Farmsen zu einem Zwischenfall, der beweist, dass Schmidt doch zum Popstar taugt: Offensichtlich vom Schmidt'schen TV-Dauerschnief (es ist Wahljahr) angestachelt, veranstalten die dortigen Oberschüler einen Schnupftabak-Wettbewerb, an dessen Ende ein zwölfjähriger Schüler ärztlich versorgt werden muss.

Der Kanzler erhält eine Rüge vom Schulleiter. Der heißt Uwe Schmidt und regt in einem Brief ans Kanzleramt an, »daß während der Zeit des Fernsehauftritts das Rauchen und Schnupfen unterbleiben könnte«.

Schmidt schnupft einfach weiter. Schließlich hat ja umgekehrt 1978 die Jugend auch nicht auf seinen Rat gehört, den Fernsehkonsum einzuschränken.

Als Helmut Schmidt einmal ...

... etwas hinterm Scheibenwischer fand

Der Daimler des Kanzlers, ein Mercedes der S-Klasse, Baureihe W116, ist eigentlich ausreichend gekennzeichnet: Der 450er trägt die amtliche Registrierung »0-2«. Nur einer hat noch Beeindruckenderes zu bieten: der Bundespräsident. Der ist in seiner Mercedes-Limousine mit der in Blech geprägten Ziffernfolge »0-1« noch etwas exklusiver unterwegs.

Das müsste auch den Bonner Politessen bekannt sein – ist es aber nicht. Im Februar 1980 verpassen sie dem Kanzler-Daimler einen Strafzettel über 20 Mark wegen Falschparkens vor dem Bonner Bundeshaus.

Was ist nur mit den deutschen Staatsdienern los? Hat die Welle des antiautoritären und staatskritischen Denkens nach zwölf Jahren nun auch das Milieu der Bonner Politessen erreicht – bislang, anders als kommunistische Lokführer und linke Studienräte, kein Hort des Widerstands gegen Schmidt und die »herrschende Klasse«? Steckt vielleicht Strauß dahinter, mit dem Schmidt im Herbst ums Kanzleramt ringt?

Der Kanzler lässt das Knöllchen prüfen. Auf der Seite des Regierungschefs steht nicht nur eine Verordnung des Straßenverkehrsamtes der Stadt Bonn, wonach Polizeifahrzeuge dort parken dürfen »wo sie es für richtig halten«. Auf der Seite des Kanzlers steht auch die Straßenverkehrsordnung. Dort heißt es in Paragraf 35, »Sonderrechte«: »Von den Vorschriften dieser Verordnung sind die Bundeswehr, der Bundesgrenzschutz, die Feuerwehr, der Katastrophenschutz, die Polizei und der Zolldienst befreit, soweit das zur Erfüllung hoheitlicher Aufgaben dringend geboten ist.«

Die Öffentlichkeit lernt aus dem Knöllchenzwischenfall Folgendes: Der Kanzlertransport ist eine hoheitliche Aufgabe, und die Schmidt-Limousinen sind gar keine Staatskarossen, sondern Polizeifahrzeuge, schließlich werden sie ja von Männern des BKA gefahren.

Die Stadt Bonn muss das Knöllchen zurücknehmen. Der Daimler mit dem amtlichen Kennzeichen »0-2« parkt weiterhin, wo er will.

Als Helmut Schmidt einmal ...

... dem Schiller eins auf die Glocke gab

1972. Willy Brandt interessiert sich für zwei Dinge überhaupt nicht: die Innere Sicherheit und die Weltwirtschaftskrise. In den Siebzigerjahren ist das ungünstig, prägen doch zwei Themen das politische Geschehen: die Innere Sicherheit und die Weltwirtschaftskrise.

Eigentlich ist klar: Schmidt muss ran. Der kennt sich mit beidem aus und mit noch viel mehr, eigentlich mit allem, wie er auch gern mal der Öffentlichkeit mitteilt: »Mir liegt es schon, mich in dem gesamten Bereich der Politik zu tummeln. Bis auf den Bereich der Landwirtschaft fühle ich mich durchaus nicht inkompetent dafür.«

Doch erst einmal wird Schmidt »Superminister«. Der Doppelposten für Finanzen und Wirtschaft ist zwar von Karl Schiller besetzt, doch der eitle, dandyhafte Mann bekommt seinen Narzissmus nicht mehr in den Griff. Und er mag Helmut Schmidt nicht.

Die beiden sind in der Währungspolitik aneinandergeraten. Aber eigentlich geht es um ganz anderes: Schiller ist ein Star. Und Helmut Schmidt, der bei dem Volkswirtschaftsprofessor in Hamburg studiert hat, ist ein bisschen neidisch.

1972 schlägt Schmidts Stunde – Schiller tritt nach wochenlangen Querelen zurück. Die Regierung ist in der Krise – was tun?

Willy Brandt weiß es. Er lässt sich eine Leitung nach Athen legen. Dort macht der einzige Retter der Sozi-Regierung gerade Urlaub. Wirtschaftslaie Brandt zu Schmidt: »Du, Helmut, kannst du nicht früher zurückkommen? Im ökonomischen Bereich ist was los.«

Und da im »ökonomischen Bereich« auch in den Jahren danach »was los« war, übernahm Helmut kurz danach den Job gleich ganz. Und Willy ging in die Ferien. Für immer.

Als Helmut Schmidt einmal …

… einen Schlips hatte – und nicht mehr wusste, von wem

Ärger hat Schmidt zur Jahreswende 1980/81 mit vielen: Die Jugend rebelliert gegen Atomkraft und Atomraketen, die Parteilinke ebenso, und mit Willy läuft es so wie immer: schlecht.

Ärger mit der SPD, Ärger mit der FDP – und jetzt kommt auch noch Ärger mit der IBF dazu. Das Kürzel steht für »International Bar Flies«, die Vereinigung der Zecher, Barbesucher und intellektuellen Alkoholiker. Sie treffen sich bevorzugt in »Harry's New York Bar«, dem berühmtesten Ort der Welt für gepflegtes Abstürzen.

Als der Kanzler im Dezember 1980 mit einer äußerst seltsamen Krawatte in der Öffentlichkeit auftritt, kommt es irgendwo zwischen Schlips und Schwips zum Streit. Auf die Frage, wo Helmut denn das seltsame Stück her habe, sagt Loki angesichts der auf dem Binder eingestickten Bienen: Der Schlips sei wohl aus dem New Yorker Naturkundemuseum.

Alles Quatsch. Der Binder ist die Klubkrawatte der IBF, die umgehend verlauten lässt: »Er wurde dem Bundeskanzler auf einem seiner letzten Feste von uns verliehen und verdeckt die Oberhemdknopfleiste fast aller europäischen Würdenträger, die sich dazu bekennen, auch mal einen hinter diesen Schlips zu gießen.«

Und auf dem Binder sind auch nicht Bienen abgebildet, sondern besoffene Fliegen.

Schmidt wurde nie mehr mit der Krawatte gesehen. Er trinkt am liebsten Cola.

ALS HELMUT SCHMIDT EINMAL ...

... durch eine linke Kameramann-Verschwörung gewann

1976 gelingt Helmut Kohl etwas, wovon Sozialdemokraten schon lange nur noch träumen können: Er schrammt knapp an der absoluten Mehrheit vorbei. 48,8 Prozent fährt der CDU-Chef ein. Auch die Union wird dieses Ergebnis nur noch einmal – 1983 (48,8 %) – erreichen.

Das Problem: Schmidt bleibt trotzdem Kanzler. Die FDP hat noch keine Lust, mit der Union zusammenzugehen. Sie ist, wie Franz-Josef Strauß meint, der »Wurmfortsatz der SPD«.

Die Konservativen, die mit dem Slogan »Freiheit statt Sozialismus« angetreten sind, wittern eine Sozi-Verschwörung. Das Fernsehen ist – Beispiel »Rotfunk« WDR – als linke Tarnorganisation verschrien und soll schuld am Kohl-Durchfall sein.

Die Kameras hätten ihren Kandidaten Kohl, den man gerade erst mit einer schicken Draht- statt Hornbrille ausgerüstet hat, in ein ungutes Licht gesetzt, heißt es aus den Reihen von demoskopisch beschlagenen CDU-Fans: 53-mal, so das Institut für Publizistik der Mainzer Universität, sei Kohl bei Wahlkampfreden aus der Vogel- und Froschperspektive aufgenommen worden, Schmidt hingegen nur 31-mal.

22-mal kein Frosch – und schon ist Schmidt Kanzler?

Noch einen Vorteil hätten die Kameramänner und linken Verschwörer in den Rundfunkanstalten für den Kanzler herausgeschlagen: Bei Berichten von Schmidts Wahlveranstaltungen seien öfter Jubler, bei denen von Kohl öfter Störer gezeigt worden.

Das Fernsehen – ein Schmidt-Propagandamedium? Quatsch, sagt ein erfahrener TV-Mann und meint, man müsse eben einsehen, dass »Schmidt tatsächlich mehr Zustimmung bei seinen Wahlversammlungen erhielt als Kohl«.

Der Mann heißt Franz Alt. Und ist CDU-Mitglied.

Aber irgendwie haben die CDU-nahen Wissenschaftler ja doch die Wahrheit gesagt. Kohl habe im Fernsehen den Eindruck von »Schwäche, Leere, Antipathie« vermittelt. Schmidt hingegen habe »Sympathie, Ruhe und Ungezwungenheit« ausgestrahlt.

ALS HELMUT SCHMIDT EINMAL ...

... zu gut abschnitt

1979 hat Loki Schmidt die »Stiftung zum Schutze gefährdeter Pflanzen« gegründet. Seitdem gibt es in Deutschland eine Wahl mehr. Neben Miss-, Kreis- und Landtagswahlen und der Schmidt-Wiederwahl nämlich jene zur »Blume des Jahres«, um die sich Loki hingebungsvoll kümmert.

1980 wird also nicht nur Schmidt gewählt, sondern auch der »Lungen-Enzian« (*Gentiana pneumonanthe*). 1981 folgt die »Gelbe Narzisse« (*Narcissus pseudonarcissus*), die wiederum abgelöst wird vom »Roten Waldvögelein« (*Cephalanthera rubra*).

Lokis Tätigkeit wirkt offenbar ansteckend. Während die Kanzlergattin sich mit der »Gelben Narzisse« beschäftigt, bekommt der Kanzler es mit gelben Narzissten zu tun: Die FDP will jetzt auf einmal den schlanken Staat, will deshalb mit dem dicken Kohl regieren und bereitet den Ausstieg aus der Koalition vor.

Schmidt packt die Wut. Im hessischen Landtags-
wahlkampf 1982 brüllt er in die Mikros, die FDP ge-
höre »weggeharkt«.

Hass auf die FDP hat in Bonn Tradition: Strauß
hegte eine tiefe Abneigung gegen die »Drei-Pünkt-
chen-Partei«, und Adenauer wollte das Problem FDP
mittels Anhebung der Fünfprozenthürde gleich ganz
aus der Welt schaffen.

Die Liberalen, immerhin noch SPD-Koalitionspart-
ner, empören sich über die Vernichtungsfantasien des
Kanzlers.

Der schickt seinen Regierungssprecher vor, der die
Worte seines Chefs in ihr Gegenteil verkehrt. Die For-
mulierung sei keinesfalls ein »aggressivbiologistischer
Ausdruck«. Es sei absurd anzunehmen, Schmidt habe
eliminieren gemeint. »Harken ist ja etwas Gärtneri-
sches«, so Klaus Bölling.

»Eben!«, würde in dieser Sekunde wahrscheinlich
Loki sagen. Denn die weiß am besten, wie es zugeht,
wenn Helmut »aggressivbiologistisch« zulangt. In den
Ferien am Brahmsee greift der Kanzler regelmäßig zur
Sense und schert damit im Garten am See so ziemlich
alles weg, was ihm überflüssig erscheint.

Dabei hat er bereits die äußerst seltene Heidenelke
eliminiert (*Dianthus deltoides*). Ein Rosenbusch blieb
stehen, ist aber ins Visier des Terrorbekämpfers
Schmidt geraten, der von dem stacheligen Gewächs

nicht die höchste Meinung hat: »Die reinsten Kümmerlinge.«

Vielleicht ist Loki deshalb Jahr für Jahr Tausende von Kilometern im Privatwagen unterwegs, immer auf der Suche nach seltenen Pflanzen. Wo sie nicht zu suchen braucht, weiß sie ja: im Garten des Ferienhauses. Dort, aber nicht nur dort, schneidet Helmut einfach zu gut ab.

Als Helmut Schmidt einmal ...

... sogar einen Sozialdemokraten zum allerallerbesten Freund hatte

Mai 1974. Willy geht, Helmut kommt. Die Sozialdemokraten, speziell ihr sogenannter »Kärrner« Herbert Wehner, haben den Bundeskanzler und Nobelpreisträger Brandt so elegant entsorgt, dass selbst die sonst in Machtfragen weit enteilten Leute von der CDU begeistert sind: »Das war eine brillante politische Strategie, den in dieser Situation auszuwechseln. So elegant und schnell ist kein CDU-Kanzler aus dem Amt gekommen.«

Jetzt, da Helmut Schmidt Kanzler ist und erst mal ein paar Willy-Leute aus dem Kanzleramt schmeißt, sich des größten Defizits in der Geschichte der Bundesrepublik annimmt (15 Mrd. Mark) und einen schärferen Ton gegen linke Spinner in der eigenen Partei anschlägt, stellt sich eine wichtige Frage: Was tun mit Willy?

Schmidt hatte ursprünglich mit Wehner den Plan ausgeheckt, Brandt im Sonntagsredneramt Bundes-

präsident einzulagern. Welche politische Bedeutung
der Posten hat, wurde damals – im Gegensatz zu heute – noch vollkommen richtig eingeschätzt: gar keine.
Walter Scheel belegte das eindrucksvoll ein Jahr später
mit seiner wichtigsten Tat im Amt, dem Einsingen der
Single »Hoch auf dem gelben Wagen«.

Das mit Brandt als Bundespräsident klappt nicht
wegen der FDP. Ein anderer Plan muss her. Die SPD-
Strategen haben eine Lösung: Brandt und Schmidt
sollen Freunde werden.

Die Voraussetzungen sind zunächst gar nicht
schlecht. Schmidt respektiert Brandt für seine Biogra-
fie als Widerstandskämpfer gegen die Nazis. Umgekehrt hat sich Brandt nie abfällig über die Generation Schmidt geäußert, die – im Wesentlichen unpoli-
tisch – mit der Wehrmacht in den Krieg zog.

Doch das war's dann auch schon. Ab 1974 und erst
recht mit der Nachrüstungsdiskussion ab 1979 wird
klar, was Brandt und Schmidt gemeinsam haben: nichts.

Der Sozialdemokrat Brandt spricht auf der Frie-
densdemonstration im Bonner Hofgarten am 10. Juni
1982, während der eigene Regierungschef sich wegen
der Durchsetzung der Raketenstationierung quasi in
Hörweite der Sprechchöre im Kanzleramt einbunkern
muss.

Brandt findet die Grünen ganz nett – Schmidt hasst
sie.

Die große Brandt-Schmidt-Freundschaft – sie existiert nicht.

Das Gute – Sozis sind ehrlich.

Also sagt Willy 1981 einfach, wie so eine sozialdemokratische Freundschaft funktioniert: »Es stimmt nicht, dass ich mit Helmut Schmidt nicht könnte! Im Gegenteil, ich kann mit Helmut Schmidt sehr gut, wir dürfen nur nicht über Politik reden.«

Als Helmut Schmidt einmal ...

... dafür sorgte, dass Sadat verrückt wurde

Helmut Schmidt hat überall viele Freunde (außer in der SPD). »Mein Freund Olof Palme«, sagt er gern, oder »mein Freund George Shultz« oder »mein Freund Anwar as-Sadat«.

Mit der Freundschaft in der Politik ist das so eine Sache, denn im Staatsgeschäft hat man eher »Beziehungen«, und die wiederum sind – anders als im sonstigen Sprachgebrauch – keineswegs intimer, als es eine Freundschaft wäre. Das ändert sich erst, als Helmut Kohl die »Männerfreundschaft« einführt: Da wird das Staatsgeschäft auf die ziemlich persönliche Ebene und auch schon mal (mit Boris Jelzin) in die Sauna verlegt – geschadet hat Deutschland auch das nicht.

Helmut Schmidt gilt auf keinen Fall – nicht mal im Umgang mit seinen Freunden – als Kumpeltyp und schon gar nicht als jemand, der sich viel aus der Staatskunst anderer machen würde. Schließlich ist er viel zu sehr damit beschäftigt, seine überragenden Fähigkeiten voll auszuschöpfen.

Dennoch kann auch Schmidt sehr nett sein und seinem Gegenüber das Gefühl vermitteln, er sei der allergrößte Schmidt-Kumpel und der größte Staatsmann der Welt.

Im Oktober 1980 reist Hosni Mubarak an, Vize von Helmut Schmidts Freund Anwar as-Sadat, Ägyptens Staatspräsident. Wie andere Staatsgäste auch wird Mubarak ins sogenannte Heckel-Zimmer geführt (das so heißt, weil dort Bilder des deutschen Expressionisten Erich Heckel hängen). Auf einem kleinen Tisch hat Schmidt 25 Fotografien von ausländischen Staatschefs (mit Widmung), eingerahmt in Silber und Leder, aufgestellt. Und weil die deutsch-ägyptischen Beziehungen offensichtlich für den Kanzler höchste Priorität besitzen, steht das Porträt des Staatschefs vom Nil in der ersten Reihe.

Mubarak ist begeistert – ein Hoch auf die deutschägyptische Freundschaft! »Sehen Sie nur selbst, wie gut die Beziehungen zwischen unseren Ländern sind«, umschmeichelt Schmidt den ägyptischen Gast.

Was Mubarak nicht weiß: Der Kanzler ist hinsichtlich seiner Lieblingspolitiker sehr flexibel. Wenn ein amerikanischer Gast das Heckel-Zimmer zum Shakehands betritt, hat Ministerialrat Hans Jürgen Winkel vorher das Porträt von Jimmy Carter oder Gerald Ford in die erste Reihe gerückt. Kommt ein Brite, lächelt die Queen an vorderster Front. Wird Schmidt von einem Franzosen besucht, steht Giscard d'Estaing auf dem Ehrenplatz.

Es ist ein ewiges Fotorücken auf dem Kanzlerbeistelltisch, je nach Gast. Doch Opportunismus ist das keineswegs: Das jeweilige Frontbild sei doch ein »idealer Anknüpfungspunkt für ein zwangloses Gespräch«, kommentiert Kanzleramtssprecher Wolfram Wickert die Verrücktheiten seines Chefs.

ALS HELMUT SCHMIDT EINMAL ...

... lieber mit dem Hausmeister Schach spielte

Zu den Pflichten eines Bundeskanzlers gehört es, sich zu verschiedenen Ausstellungseröffnungen zu begeben und vielleicht auch das eine oder andere warme Wort zu sagen.

Der Ausstellungsgeher Helmut Schmidt ist im fortgeschrittenen Stadium seiner Kanzlerschaft nicht immer willens oder in der Lage, Begeisterung oder Abneigung über die Exponate so zu zügeln, dass Höflichkeitsregeln eingehalten werden und keiner im Tross der Schmeichler, Schwätzer und Journalisten merkt, was den Kanzler wirklich interessiert.

Bemerkenswerterweise äußert sich Interesse wie Desinteresse am Ausgestellten bei Schmidt auf dieselbe Weise: Er verschwindet einfach.

Im November 1978 besucht Schmidt mit dem französischen Staatspräsidenten Giscard d'Estaing die Kunstausstellung »Paris – Berlin: Entsprechung und

Gegensätze« im Pariser Centre Pompidou. Es wird moderne Kunst aus beiden Ländern geboten, vor allem Expressionisten und Kubisten.

Man geht zusammen durch die Schau, man plaudert. Plötzlich sieht sich Giscard allein im Raum – der Kanzler ist zurückgeblieben. Aufgehalten hat Schmidt ein Käthe-Kollwitz-Plakat, das er lange betrachtet. Es heißt: »Nie wieder Krieg«. Noch Räume später, da steht er vor frühen Fotografien, und Giscard ist längst enteilt, murmelt er: »Sehr schön, dieses ›Nie-wieder-Krieg‹-Plakat.«

Zwei Jahre später besucht der Kanzler wieder eine Ausstellung. Diesmal in der Hamburgischen Landesvertretung in Bonn. Aber ob es daran liegt, dass er kein Herzblut für Öl hat oder der Ausstellungstitel »Mineralölwirtschaft in Hamburg« Schmidt unterfordert – der Regierungschef ist plötzlich verschwunden. Schließlich findet Hausmeister Rudolf Thiermann, der eigentlich für den Alkoholausschank zuständig ist, den Kanzler im Keller vor. Schmidt zapft sich dort gerade eigenhändig ein Bier. Die beiden kommen ins Gespräch, und Thiermann erzählt Schmidt, dass er im Besitz eines handgeschnitzten Schachspiels sei, das er einst aus der Kriegsgefangenschaft mitgebracht habe. Der Kanzler verlangt Herausgabe und sofortiges Spiel im Keller.

Nach einer halben Stunde wird es zappenduster drunten neben dem Zapfhahn. Thielemann ist schachmatt. Und der Kanzler muss leider wieder hoch zur mineralölverarbeitenden Wirtschaft, die den Kelleraufenthalt des Regierungschefs einigermaßen gut überlebt hat.

Als Helmut Schmidt einmal ...

... Genscher einen Ausflug versaute

Seit 1974 erleben die Mitglieder der UNO-Vollversammlung jedes Mal Ende September, wie ein kleiner dicker Mann mit großen Ohren ans Rednerpult tritt und über den Weltfrieden redet. Und speziell über Deutschlands Rolle bei der Verwirklichung desselben, die – dank ihm – eine ganz besonders große ist. Hans-Dietrich Genscher heißt der Mann mit den Riesenohren, und er genießt einen Ruf wie Donnerhall als fleischgewordener Ausdruck außenpolitischer Vernunft.

Genscher ist Außenminister, und als solcher hat er für das Land, das er vertritt, das Rederecht vor der prestigeträchtigen Versammlung. Genscher liebt diese Auftritte: Flug mit der Luftwaffen-Boeing, großer Bahnhof, großes Zimmer im Grandhotel, große Aufmerksamkeit.

Im September 1982 steht wieder ein kleiner dicker Mann am Pult – aber der heißt nicht Hans-Dietrich, sondern Hans-Jürgen. Was ist passiert?

Am 17. September hat Bundespräsident Carstens die FDP-Minister auf Vorschlag von Bundeskanzler Schmidt entlassen – die Koalition ist zerrüttet. Schmidt will Genscher nicht mehr sehen und führt nun eine SPD-Minderheitsregierung an. Genscher weiß natürlich, dass das nur ein vorübergehender Zustand ist: Das Misstrauensvotum, mit dem Kohl Kanzler und Genscher wieder Außenminister würde, ist für den 1. Oktober angesetzt.

Genscher lässt beim amtierenden Außenminister anfragen, ob die Rede vor der Generalversammlung nicht verschoben werden könne – auf irgendeinen Zeitpunkt nach dem 1. Oktober. Doch daraus wird nichts, da ist der amtierende Außenminister vor. Und der heißt – Pech für Genscher – Helmut Schmidt. Der Kanzler hat für 14 Tage im Herbst 1982 das Außenamt selbst übernommen. Er schickt seinen Freund Hans-Jürgen Wischnewski, genannt »Ben Wisch«, nach New York. Und so kommt es, dass die UNO-Delegierten zwar wieder einen kleinen dicken Mann zu Gesicht bekommen, der aber diesmal nicht den Namen Hans-Dietrich, sondern Hans-Jürgen trägt.

Als Helmut Schmidt einmal …

… sein eigener Hoffotograf war

1976 kommen Pocketkameras in Mode – »Ritsch-Ratsch« genannt. Auch Helmut Schmidt hat eine. Das Modell Agfa Optima 5000, Preis: 239 Mark, hat ihm Bayer-Chef Herbert Grünewald geschenkt. Die Kamera ist idiotensicher, also eigentlich eine Unterforderung für den Weltökonomen.

Die Ritsch-Ratsch nimmt der Bonner Macher nun öfter mit auf Reisen und macht Fotos.

So knipst Schmidt während einer Reise nach China mit der Agfa. Fotomotive gibt's genug: Schmidt sieht die roten Willkommensbanner: »Wir grüßen den Bundeskanzler und Frau Schmidt herzlich«. Ein prima Bild. Schließlich wird der Kanzler nicht mal auf SPD-Parteitagen so begrüßt.

Propagandalosungen wie »Wir unterstützen die europäischen Nationen gegen die Hegemonisten« hingegen sind selbst für den selbstbewussten Deutschen etwas zu viel.

Schmidt besucht Viehzuchtbetriebe, eine Peking-oper, Fabriken und wird in Nanking von viertausend bunt gekleideten Kindern begrüßt, die den Tanz der Löwen aufführen. Diese Kommunismusfolklore lässt den Kanzler ziemlich kalt. Der Fotograf Schmidt mag lieber unpolitische Motive und knipst stattdessen die Chinesische Mauer.

Daheim sorgt sich der Kanzler verstärkt um die deutsche Kameraindustrie, die dabei ist, von der japanischen Konkurrenz zerquetscht zu werden. Bei fast jeder Gelegenheit fragt er die anwesende Fotografenmeute: »Hat denn hier keiner eine deutsche Kamera?« Meistens hat keiner.

Im Kanzleramt regiert zwar der Deutsche Schmidt, bei den Fotografen hingegen dominieren die Japaner Minolta, Nikon und Canon.

Für ein abgedrucktes Bild bekommt Schmidt sogar von der Zeitschrift *Gong* ein Honorar. Die 500 Mark gibt er – ganz Patriot – gleich an einen Pressefotografen weiter, damit der sich endlich eine deutsche Kamera kauft.

Als Helmut Schmidt einmal …

… seinen Panzer verlieh – und unter Beschuss des Rechnungshofes geriet

Wenn es um die Spitzenpolitik geht, bekommen Fernsehzuschauer die immer gleichen Sequenzen vorgeführt. Es ist die Bildsprache der Macht, mit der das Fernsehen signalisiert: Jetzt wird es wichtig, jetzt wird regiert.

Eine dieser Sequenzen: Dunkle Limousine fährt vor, Kanzler oder Minister steigt aus, Händeschütteln, Gruß, Abgang ins Kanzleramt. TV-Zuschauer sehen das alle paar Tage, während der Schleyer-Entführung mit ihren Krisensitzungen sogar mehrmals täglich.

Helmut Schmidt hat diese Bildsprache der Macht erweitert. Wären jemals Kameras dabei gewesen, dann hätten sie Folgendes einfangen können: Dunkle Limousine fährt vor – Schmidt-Sekretärin steigt aus.

Das kam so:

Im Sommer 1980 wird publik, dass Helmut Schmidt seine Sekretärinnen in gepanzerten Dienstfahrzeugen zur Arbeit chauffieren lässt. Liselotte Schmarsow und Marianne Duden, eine launige Berlinerin und eine fröhliche Rheinländerin, werden morgens abgeholt und abends wieder in ihre Wohnungen zurückgebracht. Als Bundestaxi werden BKA-Fahrzeuge der Sonderschutzklasse B6 und B7 verwendet. Das reicht für Angriffe mit Kalaschnikows.

Der Schmidt-Mercedes, ein 380 SE, wird auch »Panzer« genannt. Und in den Genuss des Panzers kommen neben Helmut eben auch Liselotte und Marianne. Kosten: nur 10 000 Mark im Jahr. Die Begründung liefert Kanzleramtsminister Manfred Lahnstein: Da die RAF inzwischen eingesehen habe, dass Schmidt zu gut gesichert sei, müsse man nicht mehr mit Angriffen auf seine Sekretärinnen rechnen.

Das Chauffieren der Damen im Panzer-Daimler erregt die Aufmerksamkeit des Bundesrechnungshofes. Schließlich habe es Liselotte Schmarsow drei, Marianne Duden nur sechs Kilometer nach Hause. Ob das mit dem Panzer denn sein müsse. Solche Fahrten verstießen gegen die »Richtlinien gemäß Paragraf 52 Satz 2 der Bundeshaushaltsordnung für die Benutzung von Dienstkraftfahrzeugen außerhalb der dienstlichen Verwendung bei obersten Bundesbehörden vom 2. Juli 1975«.

Rettung für Schmidts Chauffierservice kommt ebenfalls aus den Paragrafen. Dort steht, dass bei einer

Überschreitung der normalen Arbeitszeit über 19 Uhr hinaus auch »sonstigen Bediensteten« eine Staatslimousine zur Verfügung gestellt werden könne.

Schmidts Arbeitstag endet nicht selten erst gegen Mitternacht.

Trotz einiger weiterer juristischer Winkelzüge der Pfennigfuchser vom Rechnungshof bleibt der Kanzler in der Sache hart.

Schmidt, in den Sphären der Weltpolitik zu Hause, schweigt zu der Korinthenkackerei. Und beweist mit dem Autoverleih, dass er ein echter Sozialdemokrat ist: Auch die Arbeiterklasse hat ein Recht auf die Mercedes-S-Klasse, so sieht es der Kanzler. Aber nur – auch hier ist Schmidt ganz Sozialdemokrat –, wenn sie ordentlich malocht.

ALS HELMUT SCHMIDT EINMAL ...

... ein Geschenk bekam – und es behielt

Besuche des Kanzlers – das sind auch irgendwie Kindergeburtstage. Wenn der Regierungschef kommt, dann werden Geschenke überreicht, denn das gehört sich so im Staatsgeschäft.

Was für den beschenkten Durchschnittsmann Socken und Krawatten, das sind für den Bundeskanzler Schmidt Schnupftabakdosen: mit simuliertem Lächeln entgegengenommene Geschenke, direkt aus der Ödnis der Einfallslosigkeit.

Schmidt schnieft nämlich aus keiner schmucken Dose, er holt sich seine Prise direkt aus dem Plastikbehältnis, wie es im Supermarkt erhältlich ist. Trotzdem wird er unermüdlich mit Tabakdosen bedacht. Schnell lagern Dutzende bei Schmidt.

1978 zum Beispiel wird Schmidt zur britischen Schnupftabakmeisterschaft eingeladen – er sagt aber ab. Als Souvenir der Veranstaltung bekommt er von Veranstalter Gary Cox eine Schnupftabakdose zugeschickt. Beim Schmidt-Geburtstag 1982 hat sich Fernsehproduzent Guyla Trebitsch etwas ganz Feines als Geschenk ausgedacht: eine Schnupftabakdose.

Das hindert den Oberpfälzer Bergmann Hans Friedl nicht, dem Kanzler bei einem Besuch der Maxhütte – was? – eine aus Rehhorn geschnitzte Schnupftabakdose zu überreichen. Schmidt schnupft allerdings weiter aus der Plastikdose. Immerhin: Er nimmt die Dose mit.

Das ergeht anderen Geschenken nicht so: Die 15 000-Mark-Kerzenständer aus Silber, die der Kanzler einst von Friedrich Karl Flick zum Geburtstag geschenkt bekam, lässt er beim Auszug aus dem Kanzleramt einfach stehen. Begründung: Das seien »Armleuchter«.

Und manche Geschenke überfordern selbst Krisenmanager Schmidt: Als ihm 1979 in China von Staatschef Hua Guofeng zwei Pandabären geschenkt werden, muss der Berliner Zoo die Unterbringung übernehmen: Wo hätte Schmidt auch das eigens errichtete Haus hinstellen sollen, das die Pandas Bao Bao und Tjen Tjen im Berliner Zoo schließlich bekommen, wie die Baukosten von 750 000 Mark und die Beschaffung von zwölf Kilo Bambus, Soja, Reisknödel und Hühnersuppe stemmen sollen, die beide Tiere jeweils täglich vertilgen?

Doch manche Geschenke sind zum Glück auch völlig unproblematisch – sie geschehen aus Liebe. Und Inspiration.

Im Januar 1981 stellt der türkische Tischlermeister Mirza Aytekin dem Kanzler, der auf dem Tiefpunkt seiner Popularität angekommen ist, einen massiven Couchtisch vor die Tür: aus Begeisterung für Schmidt.

Der Tisch hat eine Platte, die mit einer 65 000-teiligen Einlegearbeit versehen ist. Dabei kommen Nussbaum, Ahorn, Palisander und Mahagoni zum Einsatz. Mit anderen Worten: Das Ding ist robust.

Ob es die Freude darüber ist, dass er mal keine Schnupftabakdose bekommt, oder echte Begeisterung – Schmidt sagt jedenfalls nur zwei Worte: »einfach fantastisch«.

ALS HELMUT SCHMIDT EINMAL ...

... kein Steuerproblem hatte

Schmidt liebt den großen Auftritt nicht – sagt er. Und wenn doch – mit seinem Freund, dem amerikanischen Präsidenten Gerald Ford, könnte der Vorsteher der Wirtschaftsmacht Bundesrepublik eh nicht mithalten: Wenn der erste Mann der freien Welt vorfährt, dauert es zehn Minuten, bis der aus Dutzenden von Secret-Service-Fahrzeugen, Notarztwagen und zwei identischen Präsidentenlimousinen bestehende Konvoi am kleinen Mann auf der Straße vorbei ist.

Bei Schmidt geht es bescheidener zu: Der Kanzler rückt mit drei Limousinen an – vorn und hinten jeweils ein Daimler, besetzt mit Beamten der Sicherungsgruppe Bonn, mittendrin der Kanzler im silbergrauen 350 SE. Schmidt sitzt hinten links: Er hält das so, weil er auf dem rechten Ohr besser hört. So kann er sich unterhalten, falls mal einer mitfährt.

Schmidt sitzt aber nicht immer hinten links; manchmal sitzt er auch ganz woanders. Dann ist Kanzlerfah-

225

rer Willi Jülich mal wieder arbeitslos. Wie im Herbst 1976. Schmidt muss sein Amt gegen Helmut Kohl verteidigen. Es geht auch um Steuern – die Union unterstellt dem Kanzler, er wolle diese auf Druck der Radikalinskis in den eigenen Reihen und aus lauter Kapitalismusfeindschaft bis ins Unendliche erhöhen.

Dabei hat der Kanzler keine Probleme mit Steuern. Was viele Wahlbürger nur zu gut wissen, die sich bei der Vorbeifahrt der Kanzlerkolonne nicht selten fragen: Wer ist eigentlich dieser Chauffeur von Schmidt, der fast genauso aussieht wie Schmidt selbst? Hat der Kanzler jetzt einen Doppelgänger?

In diesem Fall ist die Antwort einfach: Es ist wirklich der Bundeskanzler, der sich – sehr zum Missfallen seiner Leibwächter – wieder mal selbst ans Steuer gesetzt hat, nicht ohne vorher seinen vorfahrenden Beschützern im Kanzlerton zuzurufen: »Jungs, fahrt mir ja nicht zu schnell.« Schließlich ist es für den Opel-Fahrer Schmidt, der 1975 wegen der Ölkrise von einem Commodore auf einen Rekord umgestiegen ist, mal was anderes, einen schweren Mercedes zu steuern.

Die Jungs fahren selten zu schnell, aber manchmal hilft auch das nichts: Im November 1976 will eine Frau in Bonn die Straße überqueren – und läuft in einen silbergrauen Mercedes. Und so sehen die Menschen in Bonn, wie sich ein Mann mit streng gescheiteltem Silberhaar zur Erstversorgung einer Leichtverletzten hinunterbeugt und sie beruhigt, bis der Notarzt kommt.

Es ist Helmut Schmidt. Später wird er der Frau noch Blumen ins Krankenhaus schicken.

ALS HELMUT SCHMIDT EINMAL ...

... die RAF zum Sommerfest einlud und deren Videoband vollschnupfte

Im Sommer 1976 ist Helmut Schmidt in Kampfstellung. Gefahren für die Demokratie müssen abgewendet werden, der Untergang der Bundesrepublik droht: Dr. Helmut Kohl kandidiert gegen den amtierenden Bundeskanzler der Bundesrepublik Deutschland. Im Herbst ist Wahl.

Kohl hat sich dafür extra eine neue schicke Bille gekauft. Schmidt nicht. Die RAF tritt erst ein Jahr später gegen Schmidt an – ebenfalls nach Anfangserfolgen letztlich vergebens.

Doch jetzt ist Frühsommer. Jetzt ist erst mal Kanzlerfest. Die Gemeinsamkeit der Demokraten stellt sich bei der traditionellen Kanzlersommersause immer spätestens beim Anstellen vorm Zapfhahn ein, denn die Feste sind auch große Kollektiv-Exzesse. Statt Freiheit, Gerechtigkeit und Solidarität Bier, Schnaps und Wein.

Eingeladen ist auch ein junger Mann mit langen Haaren und verwegenem Blick: der Schauspieler Christof Wackernagel. Der »deutsche James Dean« steht zu diesem Zeitpunkt genau für das, was Helmut Schmidt auf den Tod nicht ausstehen kann: linke Kulturschickeria – wirres Haar, wirre Gedanken und noch nie Popper und Seneca gelesen, dafür zu viel Marx und Marcuse.

Wackernagel hat längst Kontakte in die RAF-Unterstützer-Szene und ist im BKA-Computer gelistet. Dass er 1976 trotzdem an allen Kontrollen vorbei und dazu noch bewaffnet mit einer Videokamera direkt ins Herz der Bestie auf das Kanzlerfest vordringen kann, kam so:

»Ich drehte damals mit Beatrice Richter in Baden-Baden. Irgendwie wollte die sozialliberale Regierung wohl demonstrieren, wie aufgeschlossen sie für linke Bohemiens ist – und so bekam ich eine Einladung für zwei Personen. Wir sind mit Beatrice Richters Porsche mit 220 nach Bonn gerast. Und Beatrice' Lächeln genügte, um an allen schwerbewaffneten Kontrollen vorbei direkt zu Schmidt zu marschieren.«

Wackernagel dreht mit einer Sony AV 3670-Halbzoll-Videokamera der ersten Generation. 19 Kilo wiegt das Bandgerät, zwei Kilo zusätzlich die Kamera. Preis der Ausrüstung zur Aufklärung der Volksmassen: 6000 Mark.

Dasselbe Modell wird später für die Schleyer-Video-bänder verwendet. Statt des riesigen Videorekorders hätte er auch eine Bombe aufs Kanzlerfest schmuggeln können – eine Sicherheitslücke.

Wackernagel filmt die Bonner Politik-Prominenz: »Ich war überrascht, dass Schmidt sich sofort in Pose wirft, selbst bei einer so kleinen Kamera wie meiner.«

Das Material ist als Propaganda gegen die Imperialisten und Faschisten in der Bonner Regierung gedacht, die sich beim Kanzler den Bauch vollschlagen.

Nach Vorführung des Wackernagel-Werkes stellen sich die RAF-Genossen Imperialisten und Faschisten wohl ungefähr so vor: Sie bieten schönen Frauen eine Zigarette an, nehmen eine Prise Schnupftabak und lächeln – etwas verlegen – in die Kamera. Denn genau das tut Helmut Schmidt auf den Aufnahmen. Und wirkt dabei durchaus sympathisch.

Und Wackernagel, für den Schmidt Feindbild Nummer eins ist, erwischt sich bei dem Gedanken: »Respekt.« Im Sommer 1977 schließt er sich endgültig der RAF an, und das Video wird später bei ihm gefunden.

Das Vorkommnis führt 1978 zu einer erheblichen Verschärfung der Zugangskontrollen von Journalisten zum Kanzler.

Wohl fühlte sich Wackernagel auf der Imperialisten-Party trotz des Coups mit der Kamera und trotz exzellenter Schaumweinversorgung nicht – er aß nur ein Paar Faschistenwürstchen: »Die haben ja alle bis zum Umfallen gesoffen. Ich war ja eher Kiffer.«

Als Helmut Schmidt einmal ...

... zur Waffe griff

Die Kabinettssitzungen im Juli 1978 sind für alle Beteiligten eine anstrengende Sache. Das sind sie natürlich grundsätzlich, weil der Kanzler das Aktenstudium liebt und sich einen Jux daraus macht, mindestens genauso gut informiert zu sein wie die für die Ressorts zuständigen Minister, wodurch die Sitzungen für die Vortragenden zu Schulstunden werden – Oberstudienrat Schmidt fragt ab.

Aber in jenem Juli sind die Ministertreffen darüber hinaus sehr enervierend. Erstens steht Mitte des Monats der Weltwirtschaftsgipfel in Bonn an – da kommen Männer nach Bonn, denen Schmidt – bei aller Liebe zu wichtigen Ressorts wie jenem für das Post- und Fernmeldewesen – aufmerksamer zuhört als etwa Kurt Gscheidle. Zum Beispiel Giscard d'Estaing oder der kanadische Ministerpräsident Trudeau.

Im Sommer 1978 kommt noch dazu, dass die FDP ihre angestammte Rolle nicht angemessen ausfüllt: Sie zickt. Die Liberalen wollen die Steuern senken, um Schmidt, der gerade den Höhepunkt seiner Beliebtheit erreicht hat, Paroli zu bieten.

Und weil der Kanzler dem Mann mit den großen Ohren im Augenblick wohlgesinnt ist, bekommt Genscher seine Tarifsenkungen im Wert von 15 Milliarden Mark. Eine besonders harte Nuss ist die Lohnsummensteuer. Obwohl aufgerundete 100 Prozent der Bundesbürger wohl noch nie etwas davon gehört haben, wird im Kabinett auch diese Steuer ausgiebigst besprochen und verhandelt.

Und Schmidt denkt während des mehrtägigen Verhandlungsmarathons nicht daran, Einzelheiten anderen zu überlassen – schließlich war er selber mal Finanz- und Wirtschaftsminister. Er macht sich Notizen, fragt nach und wirft mit Zahlen um sich. Ohne jemals zu ermüden, wird er nach der Sitzungsorgie sagen: »Sie finden mich in einem heiteren Gemütszustand.«

Nicht alle sind in einem heiteren Gemütszustand. Landwirtschaftsminister Ertl, ein dicker Bayer, der schon qua Herkunft nichts mit Schmidts schnupftabakgestärkter protestantischer Ethik anfangen kann und sich nachts sicher Angenehmeres vorstellen kann, als über die Lohnsummensteuer zu verhandeln, kritzelt in einer der späten Sitzungen ein subversives Kunstwerk aufs Regierungspapier. Es zeigt Schmidt als Cowboy, der seine Minister mit Waffengewalt in Schach hält. Titel des Ertl-Kunstwerkes: »Kabinett – 0 Uhr«.

Als Helmut Schmidt wieder einmal ...

... ein düsteres Bild der USA malte

Helmut Schmidt ist durchaus jemand, der um die Gefahren weiß, denen die deutsche Seele ständig ausgesetzt ist. Nicht umsonst sagt er in seiner Abschiedsrede im Bundestag: »Die Deutschen bleiben ein gefährdetes Volk, das der Führung bedarf.« Natürlich durch ihn.

Und wenn das nicht geht, dann eben mit zweitklassigem Personal.

Eine dieser Gefahren für die deutsche Seele, von denen Schmidt spricht, heißt: Antiamerikanismus. Schmidt ist in der erfreulichen Situation, das unangenehme Phänomen ersetzt zu haben. Er darf als Erfinder des Anti-Carterismus gelten: Seit der Erdnussfarmer im Weißen Haus regiert, braucht Schmidt keinen Antiamerikanismus mehr; die innige Abneigung gegen Carter reicht ihm.

Doch aus der Psychoanalyse wissen wir: Was drin ist im Menschen, muss irgendwann raus.

Aber auch hier ist Schmidt im Vorteil. Denn anders als beispielsweise die von ihm verachtete Jugend, die ihre Einstellung zu Amerika schon seit Längerem durch das Verbrennen der Stars and Stripes, durch »USA-SA-SS«-Plakate und durch tränengasgetränkte Begrüßungsrituale für amerikanische Präsidenten zum Ausdruck bringt, hat der kunstsinnige Schmidt andere Mittel, um seinem Unterbewusstsein Erleichterung zu verschaffen: Er malt. Mit japanischer Kreide.

Im Sommer 1979 ist er wieder mal in seinem Wochenendhaus am Brahmsee. Was er mitbringt, ist nicht nur Optimismus in Bezug auf seinen eigenen Sprengel, Deutschland, sondern auch Pessimismus in Bezug auf die westliche Führungsmacht, was ja nichts Neues ist, seit Jimmy Carter als Ober-Ami amtiert.

Dem *Spiegel* zeigt der Kanzler eines seiner Bilder, das in düstersten Farben gehalten ist: einem tiefen Blau, einem schwarzen Tiefschwarz. Es zeige, sagt Schmidt, eine Skyline im »allerletzten Abendlicht«. Titel des Werkes: »Amerika«.

Als Helmut Schmidt einmal ...

... Franz Josef Strauß gratulierte

Im Herbst 1975 herrscht in Bayern Ausnahmezustand. Bierselige Männer in Tracht wanken durch die Straßen, schlagen sich in seltsamen Verrenkungen selbst auf die Schenkel, schießen mit altmodischen Karabinern in die Luft. Nein, es ist nicht Oktoberfest – Franz Josef Strauß, der Ober-Bayer, feiert seinen Sechzigsten.

Wochenlang, so schreibt die *Zeit* damals, schwimmt FJS »auf einer Woge von Vorfeiern, Hauptfeiern und Nachfeiern zwischen Kreuth-Alm und Tegernsee, in München zwischen Hofbräuhaus und Residenz«.

Strauß hat inzwischen mehrere Wandlungen durchgemacht. Vom affärengestählten Trickser (Lockheed-Skandal/*Spiegel*-Affäre) zum geachteten Finanzminister zum bayerischen Volksschauspieler, der – zur Gaudi des bundesweiten Publikums – die Bühne der Bonner Republik bespielt, bedampft, bepoltert. Mit seinen armdicken Koteletten, der beindicken bunten

Krawatte rangiert er irgendwo zwischen den Komödienstadl-Schauspielern Gustl Bayrhammer und Willy Harlander, die damals genauso aussehen.

Zu den Gratulanten gehören Staatsmänner aus aller Welt. Auch Helmut Schmidt möchte versuchen, seine Wertschätzung für den Bayern zum Ausdruck zu bringen.

Es bleibt beim Versuch: »Vor fast zehn Jahren, als Sie gerade 50 geworden waren, bin ich gefragt worden, was ich von Ihnen hielte. Ich halte es für reizvoll, einen Teil meiner damaligen Antwort in Erinnerung zu rufen, weil damit ein Stück Kontinuität zum Ausdruck kommt: ›Manchmal bin ich auf den Mann sehr zornig gewesen, und manchmal habe ich ihn für eine ganz gefährliche Kraft gehalten, und ich glaube, dass er in Zukunft, wenn er Fehler macht, gefährlich sein kann. Andererseits sehe ich, dass er sich Mühe gibt, sich in den Griff zu kriegen‹ ... mit freundlichen Grüßen, Ihr Helmut Schmidt.«

1980 wird der so Geehrte versuchen, zum Bundes-Strauß zu werden – vergeblich: Die Deutschen wollen in dem mit Atomraketen vollgestopften Land niemanden als Kanzler, »der sich Mühe gibt, sich in den Griff zu kriegen«. Und in diesem Bemühen leider regelmäßig scheitert.

Quellennachweis

Seite 8
Der Spiegel: »Personalien«, Nr. 25/1978 v. 19.6.1978,
S. 194

Seite 10
Der Spiegel: »Personalien«, Nr. 41/1978 v. 9.10.1978,
S. 280

Seite 12
Der Spiegel: »›Was befähigt Sie zum Kanzler?‹
38 Fragen des *Spiegel* an Kanzler Helmut Schmidt
und Kandidat Franz Josef Strauß«, Nr. 40/1980
v. 29.8.1980, S. 24-60

Seite 14
Helmut Schmidt: »Plädoyer für einen fernsehfreien
Tag. Ein Anstoß für mehr Miteinander in unserer
Gesellschaft«, in: *Die Zeit*, Nr. 22/1978 v.
26.5.1978

Seite 17
Der Spiegel: »Wach an Allerseelen«, Nr. 46/1971
v. 8.11.1971, S. 100f.
Die Zeit (Th.S.): »Auto-mobil«, Nr. 45/1971
v. 5.11.1971

Seite 19
Der Spiegel: »Kanzler im Kasten«, Nr. 11/1982
v. 15.3.1982, S. 246

Seite 21
Politparade. Musik aus Studio Bonn (Schallplatte, CBS
1972), Bear Family Records, neu aufgelegt als
4-CD-Box, 2000

Seite 24
Politparade. Musik aus Studio Bonn (Schallplatte, CBS
1972), Bear Family Records, neu aufgelegt als
4-CD-Box, 2000

Seite 26
»Drei mal Neun«, Eintrag bei Wikipedia; http://de.
wikipedia.org/wiki/Drei_mal_Neun, aufgerufen am
2.9.2012
Die Zeit: »Er brachte Scheel zum Sieg«, Nr. 49/1975
v. 28.11.1975

Seite 28
Der Spiegel: »Späte Einsicht«, Nr. 47/1978 v.
20.11.1978, S. 65f.

Seite 30
Der Spiegel: »Panorama«, Nr. 51/1969 v. 15.12.1969,
S. 22

Seite 31
Der Spiegel: »Truppe verschaukelt«, Nr. 51/1969
v. 15.12.1969, S. 84

Seite 33
Der Spiegel: »»Es wird ein böses Erwachen geben««,
Nr. 6/1981 v. 2.2.1981, S. 28-32
Hans Schueler: »Vertuschte Wahrheit«, in:
Die Zeit, Nr. 11/1982 v. 12.3.1982

Seite 35
SPD-Parteitag, Hamburg, 15. – 19.11.1977:
»Protokoll der Verhandlungen«, Bonn 1977
Der Spiegel: »Personalien«, Nr. 48/1977
v. 21.11.1977, S. 264

Seite 37
Der Spiegel: »Mit Keks und Suppe«, Nr. 32/1979
v. 6.8.1979, S. 82
Carl-Christian Kaiser: »Nun läuft die Politik im
Schongang«, in: *Die Zeit,* Nr. 33/1979 v. 10.8.1979

Seite 39
Der Spiegel: »Mit Keks und Suppe«, Nr. 32/1979
v. 6.8.1979, S. 82

Seite 40
Der Spiegel: »Zwischenfall am Tresen«, Nr. 3/1979
v. 15.1.1979, S. 31

Seite 42
Helmut Schmidt: »Thesenpapier für den SPD-
Parteivorstand im Frühjahr 1974«, in: Helmut
Schmidt: *Kontinuität und Konzentration. Reden,*
Bonn 1976

Seite 44
Oliver Frommel: »Starbuck gegen den Leviathan?«,
in: Telepolis, 4.6.2002; http://www.heise.de/tp/
artikel/12/12660/1.html, aufgerufen am
3.9.2012

Seite 46
Die Zeit: »Beim Kanzler sitzt der liebe Gott im
Detail«, Nr. 45/1975 v. 31.10.1975

Seite 47
Die Zeit: »Beim Kanzler sitzt der liebe Gott im
Detail«, Nr. 45/1975 v. 31.10.1975
Adalbert Siniawski: »Der Kanzlerbungalow«, Feature
im Rahmen der Sendereihe *Sonntagsspaziergang,*
Deutschlandfunk, 1.8.2010; http://www.dradio.de/
dlf/sendungen/sonntagsspaziergang/1236964/,
aufgerufen am 3.9.2012

Seite 49
Die Zeit: »Beim Kanzler sitzt der liebe Gott im
Detail«, Nr. 45/1975 v. 31.10.1975

Seite 51
Der Spiegel: »Ein Admiral fuhr Straßenbahn«,
Nr. 26/1959 v. 24.6.1959, S.19

Seite 53
Helmut Schmidt: »Er war ein Gegner, nicht ein
Feind«, in: *Die Zeit,* Nr. 41/1972 v. 13.10.1972
Die Zeit: »Worte von Helmut Schmidt«, Nr. 44/1982
v. 29.10.1982

Seite 55
Der Spiegel: »Im Kasinoton«, Nr. 53/1969
v. 29.12.1969, S. 33f.

Seite 57
Washington Post: »Chancellor's Watch Vanishes«,
15.7.1977, S. A2

Seite 59
Der Spiegel: »Mit dem Latein am Ende«, Nr. 34/1969
v. 18.8.1969, S. 88-105

Seite 61
Der Spiegel: »Personalien«, Nr. 46/1969 v. 7.11.1966,
S. 192

Seite 63
Der Spiegel: »Roter Lack«, Nr. 50/1967 v. 4.12.1967,
S. 34-49

Seite 64
Der Spiegel: »Kernenergie: Der Kanzler geht aufs
Ganze«, Nr. 25/1979 v. 18.6.1979, S. 19-23

Seite 66
Der Spiegel: »Große Luftblasen«, Nr. 16/1979
v. 16.4.1979, S. 23f.

Seite 68
Terence Smith: »Carter Addresses a ›Town Hall
Meeting‹ of West-Berliners«, in: *New York Times,*
16.7.1978, S. 1

Seite 71
Die Zeit: »›Und bitte, malt nicht schwarz‹«, Nr.
41/1981 v. 2.10.1981

Seite 72
Hermann Scheer: »›Landgestützte Raketen gehören
nach Alaska.‹ Nato-Doppelbeschluss: Ein Plädoyer
für die Stationierung der Systeme auf See«, in: *Die
Zeit,* Nr. 23/1981 v. 29.5.1981

Die Zeit: »›Alle Gruppen müssen ran.‹ Gespräch
mit Bundeskanzler Helmut Schmidt«, Nr. 25/1981
v. 12.6.1981

Seite 74
Dietrich Strothmann: »Ist in der Kirche der Teufel
los? Das Hamburger Laientreffen: Warum
Protestanten protestieren«, in: *Die Zeit,* Nr. 26/1981
v. 19.6.1981
Alphalive News, Nr. 37, Sommer 2011; http://www.
alphalive.ch/kontakt/ressourcen/alphalive-zeitung.
html, aufgerufen am 3.9.2012

Seite 76
Opel-Presseinformation, hrsg. Adam Opel AG,
23.3.1976: »Bundeskanzler Schmidt in Rüsselshei-
mer Opelwerk«
Rainer Burchardt: »›Das ist nicht unser Bier.‹ Bundeskanzler Helmut Schmidt sprach mit Husumer
Krabbenfischern«, in: *Die Zeit,* Nr. 15/1975 v.
4.4.1975
»Benzinpreisentwicklung 1920 bis 2010«,
http://www.was-war-wann.de/historische_werte/
benzinpreise.html, aufgerufen am 3.9.2012

Seite 77
Nina Grunenberg: »Drei Herzen und viele Gesichter.
Ein Volk im Stress: Warum uns Japan fremd bleiben
wird«, in: *Die Zeit*, Nr. 16/1981 v. 10.4.1981

Seite 79
Volker Kühn, Gespräch am 18.8.2012

Seite 81
Politparade. Musik aus Studio Bonn (Schallplatte, CBS
1972), Bear Family Records, neu aufgelegt als
4-CD-Box, 2000

Seite 83
Klaus Bölling: *Die letzten 30 Tage des Kanzlers Helmut
Schmidt. Ein Tagebuch*, Reinbek 1982, S. 117

Seite 85
Der Spiegel: »»Dieser Dilettantenverein««,
Nr. 12/1984 v. 19.3.1984, S. 38-52

Seite 87
Nina Grunenberg: »Die Exzellenzen der
Republik«, in: *Die Zeit,* Nr. 14/1978 v.
31.3.1978

Seite 89
Der Spiegel: »Weinend auf Stube«, Nr. 22/1972
v. 22.5.1972, S. 79f.
Hamburger Abendblatt: »Orden für den ›Erfinder
der German Hair Force‹«, 16.11.1971, S. 3

Seite 91
Hamburger Abendblatt: »21.41 Uhr. Ein Mann kam
nach Hause«, 2.10.1982, S. 3

Seite 93
Hamburger Abendblatt: »Hi, Jerry! Wie geht's?«,
30.8.1985, S. 3

Seite 96

David Binder: »Schmidt Fears Effects of City Crisis«, in: *New York Times,* 5.10.1975, S. 53

John Vinocur: »The Schmidt Factor«, in: *New York Times,* 21.9.1980, S. SM 1

Felix G. Rohatyn: »How the 38th President Saved New York«, in: *Leatherneck,* 4.1.2007; http://www.leatherneck.com/forums/archive/index.php/t-39562.html, aufgerufen am 3.9.2012

Seite 98

Donnie Radcliffe: »Schmidt's Dinner for Mondale: The long and short of it all«, in: *Washington Post,* 15.7.1977, S. 83

Seite 100

Nina Grunenberg: »Wer nur den lieben Gott lässt walten. Nach fünf heißen Wochen – Kohl war gut, Schmidt war besser«, in: *Die Zeit,* Nr. 41/1976 v. 1.10.1976

Seite 102

Hamburger Abendblatt: »Wachwechsel in Bergedorf«, 7.12.1985, S. 3

Seite 104
Hamburger Abendblatt: »Kunde Kanzler«, 30.8.1982,
S. 6

Seite 106
Hamburger Abendblatt: »Splitter«, 20.11.1989, S. 4

Seite 108
Nina Grunenberg: »Wo Vernunft allein nicht
verfängt. Mit Helmut Schmidt in Ägypten und
Israel: Stationen einer schwierigen Reise«, in: *Die
Zeit,* Nr. 22/1985 v. 24.5.1985

Seite 110
Washington Post: »Schmidt Talks Vex Reagan Aides«,
30.11.1980, S. A6

Seite 112
Telefoninterview mit Marcus Jürs, 24.8.2012

Seite 114
Der Spiegel: »›Nein, Mao habe ich nicht gesehen.‹
Max Frisch mit Kanzler Helmut Schmidt in China«,
Nr. 7/1976 v. 9.2.1976, S. 110-132

Seite 116
Neue Ruhr/Neue Rhein-Zeitung: »Hurra, hurra – alle
Schmidts waren da«, 2.9.1978, S. 9
Westdeutsche Allgemeine Zeitung: »Der Kanzler bat
in den Blumenhof«, 26.7.2010

Seite 119
Hamburger Abendblatt: »Fast wie gerufen kamen
die Rüsselkäfer zum Kanzleramt«, 4.11.1978, S. 13

Seite 121
Hamburger Abendblatt: »Bonn verhängt für Ford
Sicherheitsstufe eins«, 25.7.1975, S. 1
Der Spiegel: »Carter und Schmidt: Neue Sachlich-
keit«, Nr. 29/1978 v. 17.7.1978, S. 20

Seite 124
Der Spiegel: »Da kommen Sie doch nicht ran«,
Nr. 35/1977 v. 22.8.1977, S. 26-27
Hamburger Abendblatt: »Kanzler-Sturz in den
Brahmsee – Schmidt half Schmidt«, 9.8.1977, S. 1

Seite 127
The New York Times: »President and Chancellor:
Shaky Link, Under Repair«, 15.7.1978, S. 3

Seite 129
Der Spiegel: »Bammel vor dem Umzug«, Nr. 10/1976
v. 1.3.1976, S. 34
Der Spiegel: »Personalien«, Nr. 25/1976 v. 16.6.1975,
S. 130
Hamburger Abendblatt: »Hausherr Schmidt ließ sich
nicht blicken«, 16.10.1974, S. 2
Hamburger Abendblatt: »Wer geht, weiß nicht, wer
kommt«, 31.1.1976, S. 13

Seite 132
Hamburger Abendblatt: »Vereinsmeier Schmidt zahlt
in viele Kassen«, 27.10.1978, S. 3

Seite 135
Der Spiegel: »Personalien«, Nr. 20/1979 v. 14.5.1979,
S. 248

Seite 138
Klaus Bölling: *Die letzten 30 Tage des Kanzlers Helmut
Schmidt. Ein Tagebuch*, Reinbek bei Hamburg 1982,
S. 88

Seite 140
»Der Helmut Schmidt, der hat ein einmaliges Haar«.
Willi Münch, Friseur im Bonner Bundeshaus, im
Gespräch mit Thomas Hauschild, Deutschlandfunk
23.10.1982

Seite 142
Helmut Schmidt, Bundestagsrede vom 20. Oktober
1977, in: Plenarprotokoll, 8. Wahlperiode,
50. Sitzung, S. 3760 (Bundespresseamt)

Seite 145
Bild-Zeitung, 30.10.1972, S. 1

Seite 147
Olaf Kanter: »S.O.S. im Nordatlantik«, *Mare*,
Nr. 29/2001 S. 60ff.
Die Zeit: »This is Mu … en«, Nr. 51/1998 v.
10.12.1998
Nürnberger Nachrichten: »Verschollen im Nord-
atlantik«, 14.12.2008

Seite 149
Die Zeit: »Keine Konjunktur für Jusos«, Nr. 51 v.
18.12.1970
Hamburger Abendblatt: »Wehner entschuldigte sich«,
16.12.1970, S. 1

Seite 151
Der Spiegel: »Die größte Männer-Party der Welt«,
Nr. 30/1982 v. 26.7.1982, S. 18

Seite 154
Westdeutsche Allgemeine Zeitung: »Der Kanzler bat
in den Blumenhof«, 26.7.2010
Neue Ruhr/Neue Rhein-Zeitung: »Hurra, Hurra,
alle Schmidts waren da«, 2.9.1978, S. 9

Seite 157
Hamburger Abendblatt: »Schmidt machte seine
›Drohung‹ wahr«, 15.1.1975, S. 13

Seite 159
Hamburger Abendblatt: »Schmidts ›Geisterstunde‹«,
24.9.1982, S. 1

Seite 161
Hamburger Abendblatt: »Wenn der Kanzler in der
Nacht geweckt wird …«, 24.11.1981, S. 11
Der Spiegel: »Minister: Schlapp und schwitzig«,
Nr. 7/1972 v. 7.1.1972, S. 26-27

Seite 164

Die Zeit: »Ab und zu auch mal ein Marsch«,
Nr. 51/2005 v. 15.12.2005
Hamburger Abendblatt: »Theater lockert die
Soldaten auf«, 4.5.1970, S. 2
Der Spiegel: »Militär Swing«, Nr. 27/1972 v.
26.6.1972, S. 105
»Stichtag – vor 75 Jahren: Bandleader Günter Noris
wird geboren, 5.6.2010«, http://www1.wdr.de/themen/
archiv/stichtag/stichtag4462.html <http://www1.wdr.
de/themen/archiv/stichtag/stichtag4462.html>

Seite 167

»Damals im Osten, Mitteldeutschland 1945 bis
heute« (mdr),
http://www.mdr.de/damals/schmidt154_page-3_
zc-c0952f36.html
Die Zeit: »Eine Stadt ohne Frauen und Kinder«,
Nr. 52/1981 v. 18.12.1981
Die Zeit: »Nicht rufen: Auf Wiedersehen!«,
Nr. 49/2006 v. 30.11.2006

Seite 170

Helmut Schmidt: »Das Mozart-Konzert«
(Audio-CD, 2009)
Die Zeit: »Die andere Seite des Realisten«,
Nr. 52/2008 v. 27.6.2013

Seite 172

blog.vorwaerts.de: Buchbesprechung Thomas
Birkner: *Comrades for Europe?*
http://blog.vorwaerts.de/nachrichten/
helmut-schmidts-ae-kleine-geschichte-ae
Hamburger Abendblatt: »Seine Waffe war britischer
Humor«, 2.12.1974, S. 17

Seite 174

Der Spiegel: »Die FDP kriegt keinen anderen
Freier mehr«, Nr. 49/1982 v. 6.12.1982, S. 19
Zeit-Magazin: »Auf eine Zigarette mit Helmut
Schmidt«, Nr. 1/2009 v. 23.12.2008
Hamburger Abendblatt: »Aus deutschen Landen«,
1.12.1982, S. 2

Seite 176
Der Spiegel: »Personalien«, Nr. 32/1978 v. 15.1.1979,
S. 154
Hamburger Abendblatt: »Stichwort: Laser-Jolle«,
28.12.1981, S. 2

Seite 178
Die Zeit: »Worte der Woche«, Nr. 5/1980 v.
25.1.1980

Seite 180
Der Spiegel: »Dann rumpelt es in der Brust«,
Nr. 43/1981 v. 15.1.1979, S. 26
Klaus Staeck (Hrsg.): *Einschlägige Worte des
Kandidaten Strauß*, Göttingen 1980

Seite 183
Der Spiegel, »Giscard küsst nicht jeden«, Nr. 7/1980
v. 11.2.1980, S. 22
Jürgen Leinemann: *Höhenrausch*, München 2005

Seite 185
Neue Osnabrücker Zeitung: »Von Boccia-Spieler
Adenauer bis Ober-Fan Merkel: Die Bundeskanzler
und die Nationalmannschaft«, 6.6.2012
Die Zeit, »Neuer Partner im Élysée«, Nr. 22/1987 v.
22.5.1987

Seite 187
Der Spiegel: »Con grande amicizia«, Nr. 50/1977 v.
5.12.1977, S. 23

Seite 189
Der Spiegel: »Personalien«, Nr. 13/1981 v. 23.3.1981,
S. 250
Hamburger Abendblatt: »Der Kanzler raucht
wieder – wird nun alles besser?«, 12.1.1982, S. 9

Seite 191

Hamburger Abendblatt: »Geburtstags-Sekt«,
20.12.1977, S. 6

Hamburger Abendblatt: »Der Kanzler auf Blütenfahrt«, 5.5.1980, S. 8

Hamburger Abendblatt: »Neues Wachhäuschen für
den Kanzler«, 2.2.1978, S. 4

Der Spiegel: »Personalien«, Nr. 15/1975 v. 7.4.1975,
S. 170

Europhoto, dpa, 9.5.1982, http://www.europhoto.
eu.com/EuropeanaDetail.aspx?file=DPA_35659575.
jpg

Seite 193

Der Spiegel: »Personalien«, Nr. 43/1980 v.
20.10.1980, S. 282

Seite 195

Hamburger Abendblatt: »Strafzettel für Helmut
Schmidt«, 21.2.1980, S. 2

Seite 197

Der Spiegel: »Ein guter Abgang ziert die Übung«,
Nr. 29/1972 v. 10.7.1972, S. 19
Der Spiegel: »Hoffen auf den Macher«, Nr. 20/1974
v. 13.5.1975, S. 25

Seite 199

Der Spiegel: »Personalien«, Nr. 53/1980 v.
29.12.1980, S. 106
Die Zeit: »Schmidts beschwipste Fliegen«, Nr. 4/1981
v. 16.1.1981

Seite 201

Der Spiegel: »Personalien«, Nr. 45/1979 v. 5.11.1979,
S. 281
Der Spiegel: »Kokolores aus der Mainzer Uni«,
Nr. 51/1985 v. 16.12.1985. S. 73, 74

Seite 203

Hamburger Abendblatt: »Stramme Leistung«,
18.11.1977, S. 2

Hamburger Abendblatt: »Sogar die Heidenelken hat
er, ratsch, abgemäht«, 4.8.1980, S. 2

Hamburger Abendblatt: »Der Kanzler und die Harke«,
25.9.1982, S. 2

Klaus Bölling: *Die letzten 30 Tage des Kanzlers Helmut
Schmidt. Ein Tagebuch*, Reinbek bei Hamburg 1982,
S. 96-97

Seite 206

Der Spiegel: »Kanzler Schmidt: Hoffen auf den
Macher«, Nr. 20/1974 v. 13.5.1974, S. 20, 30

Frankfurter Allgemeine Zeitung: »Befragtes
Ungesagtes«, 7.10.2012

Die Zeit: »Worte der Woche«, Nr. 11/1981 v.
6.3.1981

Seite 209

Hamburger Abendblatt: »Wenn beim Kanzler die
Bilder verrückt werden«, 15.9.1980, S. 1

Seite 212

Der Spiegel: »Nur zum Schluss die vertraute Symbolik«, Nr. 45/1978 v. 6.11.1978, S. 24

Hamburger Abendblatt: »Zapfender Kanzler«, 25.4.1980, S. 2

Seite 215

Klaus Bölling: *Die letzten 30 Tage des Kanzlers Helmut Schmidt. Ein Tagebuch*, Reinbek bei Hamburg 1982, S. 88

Seite 217

Der Spiegel: »›Nein, Mao habe ich nicht gesehen.‹ Max Frisch mit Kanzler Helmut Schmidt in China«, Nr. 7/1976 v. 9.2.1976, S. 115

Der Spiegel: »Personalien«, Nr. 2/1978 v. 9.1.1978, S. 138

Der Spiegel: »Personalien«, Nr. 26/1978 v. 26.6.1978, S. 186

Seite 219
Der Spiegel: »Eiserner Chef«, Nr. 30/1981 v.
20.7.1981, S. 68
Die Zeit: »Regieren bei Suppe und trocken Brot«,
Nr. 43/1975 v. 17.10.1975

Seite 222
Hamburger Abendblatt: »Prachtstück für Kanzlers
Eigenheim«, 10.1.1981, S. 5
Der Spiegel: »Meister Ritter«, Nr. 49/1984 v.
3.12.1984, S. 123-24
Der neue Tag – Oberpfälzischer Kurier: »Tabakdose
für Helmut Schmidt – Geschichten von Auerbacher
Bergmännern«, 11.12.2010

Seite 225
Hamburger Abendblatt: »Blumen vom Kanzler«,
20.11.1976, S. 2
Hamburger Abendblatt: »Buttercreme-Torte und Cola
für Helmut Schmidt«, 1.10.1976, S. 3
Die Zeit: »Regieren bei Suppe und trocken Brot«,
Nr. 43/1975 v. 17.10.1975

Seite 228

Gespräch mit Christof Wackernagel, 11.7.2013

Der Spiegel: »Aus Engelchens Welt in den Untergrund«, Nr. 25/1977 v. 31.10.1977, S. 60

Der Spiegel: »Erzieherische Kraft«, Nr. 26/1978 v. 26.6.1978, S. 31

Der Spiegel: »Harte Kiste«, Nr. 9/1980 v. 25.2.1980, S. 88

Seite 232

Hamburger Abendblatt: »Die Stationen eines politischen Lebens als Krisenmanager«, 27.10.1982, S. 14

Der Spiegel: »Steuern: Da wird uns noch einiges blühen«, Nr. 31/1978 v. 31.7.1978, S. 21

Seite 235

Der Spiegel: »Personalien«, Nr. 36/1979 v. 3.9.1979, S. 266

Seite 237

Der Spiegel: »Personalien«, Nr. 38/1975 v. 15.9.1975, S. 170

Die Zeit: »Ein Vulkan, der noch Feuer speit«, Nr. 38/1975 v. 12.9.1975

Große Kabarettisten bei Heyne

978-3-453-64036-8

Dieter Hildebrandt
Ich musste immer lachen
Dieter Hildebrandt erzählt sein Leben
978-3-453-64036-8

Waldemar Hartmann
Born to be Waldi
Live aus dem Studio des Lebens
978-3-453-60141-3

Ottfried Fischer
Wo meine Sonne scheint ...
Das Kabarettprogramm zur Heimat
978-3-453-60106-2

Bruno Jonas
Kaum zu glauben – und doch nicht wahr
978-3-453-60044-7

Bruno Jonas
Bis hierher und weiter
Mit allen Nockherberg-Reden von Bruno Jonas
978-3-453-60072-0

Piet Klocke
Kühe grasen nicht, sie sprechen mit der Erde
978-3-453-20106-4

Dieter Hildebrandt
Ausgebucht
Mit dem Bühnenbild im Koffer
978-3-453-60152-9

Leseproben unter **www.heyne.de**

HEYNE ‹

Schockierende Fakten, brillant recherchiert

Investigativer Journalismus bei Heyne

978-3-453-62020-9

Jürgen Roth
Der Deutschland-Clan
Das skrupellose Netzwerk aus Politikern, Top-Managern und Justiz
978-3-453-62020-9

Jürgen Roth / Rainer Nübel / Rainer Fromm
Anklage unerwünscht!
Korruption und Willkür in der deutschen Justiz
978-3-453-64518-9

Hans-Ulrich Grimm
Katzen würden Mäuse kaufen
Schwarzbuch Tierfutter
978-3-453-60097-3

Sascha Adamek
Die Machtmaschine
Sex, Lügen und Politik
978-3-453-20018-0

Jürgen Roth
Gangsterwirtschaft
Wie uns die organisierte Kriminalität aufkauft
978-3-453-60202-1

Leseproben unter **www.heyne.de**

Besuchen Sie den HEYNE Verlag im Social Web

Facebook
www.heyne.de/facebook

Twitter
www.heyne.de/twitter

Google+
www.heyne.de/google+

YouTube
www.heyne.de/youtube

www.heyne.de

HEYNE‹